授業スタンダード

その展開と教師の反応

Lesson Standards：Trends and Teacher Reactions

澤田 俊也 著

人言洞

はじめに

　本書は，近年の教育界で注目を集めている「授業スタンダード」の動向と，それに対する教師の反応を明らかにするものである。

　授業スタンダードは主に自治体や学校によって作成されており，その動きが急速に広まっている。授業スタンダードの名称は自治体や学校によって異なっているものの，多くの場合には，「めあての提示」「個人学習」「ペア・グループ学習」「まとめ・振り返り」といった授業展開のモデルを示したり，発問・板書の仕方やノートのとらせ方などの具体的な指導方法を解説したりするものである。このような授業スタンダードを目にしたり，あるいは授業スタンダードの作成に関わったりしたことのある読者も少なくないだろう。

　授業スタンダードは，それが授業実践に及ぼす影響をめぐって，物議を醸している。授業スタンダードを望ましいものとして捉える立場は，授業スタンダードを頼りにすることで，授業力量に不安を感じる教師であっても一定の授業実践を保証できると論じている。その一方で，授業スタンダードに懐疑的な立場は，教師が授業スタンダードに依存することで，授業実践が画一化したり，授業における子どもの姿が見えにくくなったりする可能性があると指摘している。しかしながら，いずれの主張も，なぜ自治体や学校が授業スタンダードを作成するに至ったのか，また作成した理由によって授業スタンダードの特徴に違いがみられるのかについては，ほとんど検討してこなかった。また，授業スタンダードを積極的に活用している教師と授業スタンダードに反発している教師の両方がみられるが，なぜそのような受けとめ方をしているのかについても説明されてこなかった。つまり，授業スタンダードの是非について，ともすれば論者の主義や主張を強く打ち出すことに注力してしまい，議論の前提となる実態把握が十分になされてこなかったのである。そのため，従来の議論が，授業スタンダードのどの側面を取り上げて賛成，あるいは批判しているのかが不明瞭であった感は否めない。また，そのことによって，授業スタンダー

ドを一括りに善きものとして盲目的に捉えたり，もしくは授業スタンダードを乗り越えることを教師に期待するあまりに，教育現場の課題や悩みに寄り添いきれなかったりしてきたように思われる。

　こうした先行研究の状況を受けて，筆者は，授業スタンダードの是非を論じるためには，授業スタンダードがどのように展開され，それを教師がどのように受けとめているのかを明らかにすることが急務であると感じてきた。そして，このことを明らかにするために，大学院生の頃から現在に至るまで，8年間にわたって研究を積み重ねてきた。本書には，質問紙調査やインタビュー調査など，多様な方法を用いた研究が収録されている。得られた知見を踏まえて，本書では，授業スタンダードの展開と教師の反応についての全体像を描き，教育の「スタンダード」や「スタンダード化」における日本の特徴を試論した。さらに，一度は授業スタンダードを作成しながらも，それを見直している自治体の事例を手がかりとして，授業スタンダードに代わる新たな「モノ」支援の可能性を提示することができた。本書が，日々の授業づくりに取り組む教師，彼らを支援する教育行政関係者や研究者など，多くの方々の目に留まり，授業実践や教師の学びに対する支援の発展に寄与できれば幸いである。

目　次

はじめに……………………………………………………………………… i

序　章　問題と目的 ………………………………………………………… 1
第 1 節　教育における「スタンダード」と「スタンダード化」〈1〉
第 2 節　日本の動向と「授業スタンダード」〈7〉
第 3 節　授業スタンダードに関する先行研究の整理　〈10〉
第 4 節　本書の課題と構成　〈12〉
第 5 節　本書の意義　〈14〉

第 1 章　授業スタンダードの内容 ………………………………………… 19
第 1 節　本章の目的　〈19〉
第 2 節　本章の方法　〈20〉
第 3 節　授業スタンダードと授業づくりの指導文書の作成状況　〈21〉
第 4 節　授業スタンダードのテキストマイニング分析　〈24〉
第 5 節　指導文書のテキストマイニング分析　〈26〉
第 6 節　本章のまとめ　〈28〉

第 2 章　授業スタンダードの規範性 ……………………………………… 31
第 1 節　本章の目的　〈31〉
第 2 節　本章の方法　〈32〉
第 3 節　成果指標が設定されている事例　〈34〉
第 4 節　成果指標が設定されていない事例　〈38〉
第 5 節　本章のまとめ　〈43〉

第 3 章　市区町村における授業スタンダードの作成状況 ……………… 49
第 1 節　本章の目的　〈49〉
第 2 節　本章の方法　〈50〉
第 3 節　市区町村における作成状況　〈53〉
第 4 節　内容の分類と規定要因　〈54〉
第 5 節　規範性の規定要因および内容との関連　〈55〉
第 6 節　本章のまとめ　〈56〉

第4章　教師が市区町村の授業スタンダードを受容する程度とその要因……59

　第1節　本章の目的　〈59〉
　第2節　本章の方法　〈61〉
　第3節　本章の分析結果　〈66〉
　第4節　本章のまとめ　〈68〉

第5章　学校における授業スタンダードの作成状況………………73

　第1節　本章の目的　〈73〉
　第2節　本章の方法　〈75〉
　第3節　学校における作成状況　〈77〉
　第4節　内容の規定要因　〈78〉
　第5節　規範性の規定要因　〈81〉
　第6節　本章のまとめ　〈82〉

第6章　教師が学校の授業スタンダードを受容する程度とその要因…………87

　第1節　本章の目的　〈87〉
　第2節　本章の方法　〈88〉
　第3節　本章の分析結果　〈91〉
　第4節　本章のまとめ　〈95〉

終　章　総合考察……………………………………………………99

　第1節　本書の知見　〈99〉
　第2節　市区町村と学校における授業スタンダードの実態　〈104〉
　第3節　授業スタンダードにみる日本の特徴　〈111〉
　第4節　授業スタンダードとボトムアップ／トップダウンの再考　〈115〉
　第5節　学校や教師の学びを繋ぐ「モノ」支援の可能性　〈118〉
　第6節　授業スタンダードを超えて　〈120〉
　第7節　本書の限界と今後の展望　〈125〉

引用文献………………………………………………………………129
初出一覧………………………………………………………………132
おわりに………………………………………………………………133

序章　問題と目的

第1節　教育における「スタンダード」と「スタンダード化」

　1980年代以降,「スタンダードに基づく教育改革（Standards-Based Education Reform）」が世界的に拡大・進行してきた。「スタンダードに基づく教育改革」では,スタンダードの設定とその履行を通して,子どもたちの学力を保障することが期待されてきた（Polikoff, 2021）。そのため,「子どもたちが何を知り,何ができるようになるべきか」を明確化し,その達成を目指して教育実践を行うことが志向されてきた（Lewis et al, 2020; Riese et al, 2022）。また,子どもたちの学力を保障するための重要な役割を教師に求めることで,「教師が何を知り,何ができるべきか」についても基準が定められ,それを踏まえた教師教育のあり方が模索されてきた（Lewis et al, 2020）。そして,スタンダードが教師の専門性を高める指針となり（Ingvarson, 1998）,教師の職業的な地位を高めることができる（Yinger & Daniel, 2010）といった主張もなされてきた。このように,「スタンダードに基づく教育改革」では,子どもの学習成果や教師の資質・能力に関するスタンダードが明確に定められ,それらに基づく教育の質保障が図られてきた。

　しかし,「スタンダードに基づく教育改革」に慎重な立場からは,こうした改革によって教育の「スタンダード化（standardisation）」が生じるのではないかと危惧されてきた。すなわち,「子どもたちが何を知り,何ができるようになるべきか」「教師が何を知り,何ができるべきか」が過度に強調されることで,「子どもが何をどのように学ぶべきか」「教師が何をどのように教えるべきか」が一義的に規定されてしまい,教育実践が矮小化されたり（Ryan & Bourke, 2013）,教師の自律性が弱体化されたりする（Sachs, 2003）可能性が指

摘されてきたのである。

　このように，教育における「スタンダード」と「スタンダード化」の動向やその是非は，国際的にも注目を集めてきた。しかしながら，これらの議論は，「スタンダード」や「スタンダード化」がどのようなものかについて，必ずしも見解が一致しないままに展開されている（Riese *et al*, 2022）。

　既存の研究では，教育における「スタンダード」や「スタンダード化」がどのような概念として議論されてきたのだろうか。リーゼらによると，「スタンダード」という用語はさまざまな学問領域において多様に用いられてきた[1]。そして，リーゼらは「スタンダード」という用語を用いている先行研究を概観し，先行研究にはスタンダードを「時間的・空間的に概念を安定させたり，凍結させたりすることができる」ものとして捉えているという共通点があると指摘している（Riese *et al*, 2022, p.10）。こうした先行研究の動向を受けて，リーゼらは，スタンダードをある時点で特定の空間に適用され，一定程度一般に認知されている文化的形式や思想のことであると捉えている。近年の「スタンダードに基づく教育改革」では，スタンダードは「何が効果的か（what works）」に関する知識を提供することで，社会的なリスクや複雑性を技術的に軽減するために用いられており，それゆえにスタンダードに基づく評価や比較が正当化されることになる（Riese *et al*, 2022）。

　また，「スタンダード化」は，スタンダードを複数の空間や時間を跨いで普及させることで，スタンダードに対する適合性や統一性が高められ，社会活動が均質化（homogenization）していくプロセスのこととされている（Landri, 2022; Riese *et al*, 2022; Timmermans & Eptein, 2010）。スタンダードが存在するからといって必ずしもスタンダード化が生じるとは限らないが（Savage & Lewis, 2018），スタンダード化はスタンダードの存在を前提としており，一方でスタンダードも社会において広く採用されない限りその効力を発揮できないため（Busch, 2000; Timmermans & Eptein, 2010），両者は相互に依存していると言える。

　スタンダードは広く認知・採用されることではじめて社会活動に影響を及ぼ

すことができるという指摘は，スタンダードそれ自体は自明なものではないということを示している。すなわち，スタンダードは客観性や普遍性，最適性を装っているものの，実際にはスタンダードがその正当性を常に問われ，異なるスタンダードからの抵抗や挑戦を受ける可能性があるのである（Landri, 2022; Riese *et al*, 2022; Timmermans & Eptein, 2010）。したがって，スタンダードは決して中立ではなく何らかの価値を反映したものであり，スタンダードが社会において採用されるためには，他の価値をもつスタンダードとの闘争に打ち勝つ必要がある。スタンダード化が安定と秩序を目指す過程であるからこそ（Timmermans & Eptein, 2010），スタンダード化やそれを支えるスタンダードはきわめて不安定なものなのである（Landri, 2022）。

　スタンダードやスタンダード化について言及している近年の先行研究も，スタンダードやスタンダード化の不安定さを重視することで，それらをより動態的に捉えようとしている（Landri, 2022; Lawn, 2011; Riese *et al*, 2022; Timmermans & Eptein, 2010）。例えば，ランドリ（Landri, 2022）は，既存のスタンダード化に対する批判が次のスタンダード化を生むという再帰性を主張し，国民国家が建設されてから現在までの間に，4つのスタンダード化の波が打ち寄せてきたと論じている。ランドリによれば，第1波は18世紀後半に近代化とともに訪れ，欧米諸国において国家主導のもとで近代学校制度が整備されていった。第二次世界大戦後から1980年代までの第2波になると，UNESCOなどの政府間組織の重要性が高まったことで開発政治への方針転換が生じ，教育を受ける権利を保障するために，欧米の学校制度が各国に輸出された。その一方で，アメリカでは，1983年の『危機に立つ国家（*A Nation at Risk*）』の刊行によって，人種差別撤廃や市民権をめぐる言説が連邦政府の権限強化に利用され，「スタンダードに基づく教育改革」やテスト政策の推進につながっていったとされている。続く第3波では，1990年代以降の知識経済化とグローバル化によってOECDが先導的な役割を果たすようになり，PISAの結果など学習成果に関するデータを用いたランクづけを通して，各国の教育政策がOECDの方針に自発的に組み込まれる「ソフト・ガバナンス」が展開されている。さらに，過去

10年間における第4波では，加速するデジタル化によって，教育のプロセスと学習成果が一層可視化されるようになっているという。

ランドリ（Landri, 2022）の議論に基づくと，現在進行している「スタンダード」や「スタンダード化」の動向は，第3波から第4波に位置づけられると考えられる。ランドリの指摘するように，近年の「スタンダード」や「スタンダード化」の背景には，OECDによる影響があると思われる。PISAは各国の学校教育のパフォーマンスとして子どもたちの学力を測定する役割を担っており，その結果によって各国は比較される。PISAの結果が思わしくなかった国では，改善に向けて自発的に対応することが求められる。加えて，2005年にOECDが公開した報告書である *Teachers Matter* では，質の高い授業が子どもたちの成果に大きな影響を及ぼすことが強調された（OECD, 2005）。そのため，各国では，PISAの枠組に基づいて子どもたちの学力を向上させなければならず，それを達成するためには個々の教師の質を保障しなければならないと受けとめられた（Lewis *et al*, 2020; Savage & Lewis, 2018）。こうした必要性に迫られて，冒頭に述べたように，子どもの学習成果や教師の資質・能力に関するスタンダードが各国で作成されてきたと考えられる。

以上の説明のように，近年における教育の「スタンダード」や「スタンダード化」の動向に対して，OECDが影響を及ぼしていることに疑いはないだろう。しかしながら，サヴェージとルイス（Savage & Lewis, 2018）は，オーストラリアの教員専門職基準（Australian Professional Standards for Teachers: APST）の政策分析を通して，OECDがAPSTの作成に対してトップダウン的に影響を与えたと単純に解釈することに警鐘を鳴らしている。彼らによれば，「OECDが推進するアイデアや実践は，単純に直線的に『取り込まれ』『移入』されるのではなく，オーストラリアの文脈に翻訳され，再／分解／組み立てられる」（Savage & Lewis, 2018, p.136）。すなわち，グローバルな政策言説は常に歴史的・政治的な特異性によって局所的に屈折させられており（Lewis *et al*, 2020），それゆえに各国の教育政策はすべて同じかたちをとるわけではない（Riese *et al*, 2022）。したがって，各国で展開されている教育の「スタンダー

ド」や「スタンダード化」をOECDによる影響として紋切り型に説明しようとするのではなく，各国における多様な「スタンダード」や「スタンダード化」の動向を検討する必要がある。

　なお，先行研究では，教育における「スタンダード」や「スタンダード化」の事例として，アメリカやオーストラリアが取り上げられることが多い。アメリカでは，2002年の「どの子も置き去りにしない法（No Child Left Behind Act: NCLB法）」の制定をきっかけに，「スタンダードに基づく教育改革」が全米に広まったとされる（Hamilton et al, 2008）。NCLB法では厳格なアカウンタビリティ政策がとられ，「子どもたちが何を知り，何ができるようになるべきか」に関する学習スタンダードの設定と州統一テストの実施が各州に求められたとともに，州が設定した「毎年の適切な進捗（adequate yearly progress: AYP）」に到達できなかった学校に対する段階的な制裁措置が義務づけられた。さらに，PISAの成績が芳しくなかったこともあって（Lingard, 2021），2009年には「頂点への競争（Race to the Top: RTTT）」プログラムによる競争的資金が連邦政府によって導入された。RTTTの審査にあたっては，2010年に全米州教育長会議（Council of Chief State School Officers: CCSSO）と全米州知事会（National Governors Association Center）によって開発された「州間共通コアスタンダード（Common Core State Standards: CCSS）」の採択州にポイントが付与されたことで，多くの州がCCSSを採択するに至った（木場, 2020）[2]。2015年には「すべての子どもが成功する法（Every Student Succeeds: ESSA）」が制定され，制裁措置などに関する州政府や学区の裁量拡大によって連邦政府の権限が弱められたようにみえるが，学力テスト政策に基づくアカウンタビリティ・システムには依然として大きな変化がみられないという（高橋, 2021; Rasmussen, 2022）。

　また，アメリカでは，専門職団体によって教師の資質・能力スタンダードも開発されてきた。代表的なものとして，全米教職専門基準委員会（National Board for Professional Teaching Standards: NBPTS）が1987年に作成したスタンダードや，州間新任教員評価支援コンソーシアム（Interstate New Teacher Assessment and Support Consortium: INTASC）が1992年に若手教師向けに作成

し，2011年に州間教員評価支援コンソーシアム（Interstate Teacher Assessment and Support Consortium: InTASC）がすべての教師向けに改正したスタンダードがあげられている（佐藤，2017）。アメリカでは，子どもたちの学力を向上させることができる質の高い教師を確保することが重視されており，このことを前提とした教師の資質・能力スタンダードが州の教員養成や現職教育において活用されている（佐藤，2017，2018）。さらに，各教師が資質・能力スタンダードを満たしているかどうかを判断するために，例えばダニエルソン（Charlotte Danielson）が開発した教授枠組が授業観察のためのツールとして用いられている（佐藤，2017，2018）。

一方で，オーストラリアでは，連邦政府がPISAの結果改善を喫緊の課題と位置づけたことで，全国的な教育基準の設定と教師教育改革が展開されてきた（Savage & Lewis, 2018）。オーストラリアでは，「オーストラリア・カリキュラム評価報告機構（Australian Curriculum, Assessment and Reporting Authority: ACARA）」によって，2008年からナショナル・カリキュラム（Australian Curriculum）の開発が進められ，2013年から導入されている。また，2008年からは「識字能力と計算能力のナショナル・アセスメント・プログラム（National Assessment Program-Literacy and Numeracy: NAPLAN）」がナショナル・カリキュラムと連動して実施されており，低い成績が示された学校に対しては連邦政府による財政支援がなされている（澤田，2021）。さらに，特にNAPLANの成績が思わしくない州や学校には，教育コンサルタントによって開発された「明示的な指導（explicit teaching/instruction）」，すなわち教師が子どもたちに対して学習内容を説明したり学習課題への取り組み方を伝えたりする段階（I do），教師が子どもとともに，あるいは学級全体で学習課題に取り組む段階（We do），子どもたちが学んだことを一人でやり遂げる段階（You do）の3段階による教授法が改善策として浸透しているという（Hardy, 2021）。加えて，2009年に設立された「オーストラリア教授，スクール・リーダーシップ機関（Australian Institute for Teaching and School Leadership: AITSL）」により，2011年に「教員のための専門職スタンダード（Australian Professional Standards for

Teachers: APST)」が策定された。APST の運用は州政府に任されているが（青木, 2017），APST の採用は連邦政府による補助金の交付と結びつけられている（Lewis et al, 2020）。

　以上より，アメリカとオーストラリアのいずれにおいても，OECD の PISA による影響もあって，子どもの学力と教師の質を向上させるために，子どもの学習スタンダードや教師の資質・能力スタンダードが作成されてきた（Lewis et al, 2020）。また，両国におけるスタンダードは，学力向上に有効とされる授業方法の開発・普及や子どもたちの学力状況を測定するテストの実施に支えられて駆動している。さらに，連邦政府による財政的な動機づけによってスタンダードが普及している点も両国で共通している（Lewis et al, 2020）。しかしながら，例えばアメリカでは州間団体や専門職団体が学習スタンダードや教師の資質・能力スタンダードを作成し，連邦政府はそれらを活用してアカウンタビリティ政策を展開してきたのに対し，オーストラリアでは連邦政府がスタンダードの作成において中心的な役割を担ってきた点で異なっている（Lewis et al, 2020）。

第2節　日本の動向と「授業スタンダード」

　それでは，近年の日本では，教育のスタンダード作成やスタンダード化がどのように展開されてきたのだろうか。子どもの学習に関わるスタンダードについては，1958年以降に学習指導要領が法的拘束力をもつものと位置づけられてきたため，近年になって国レベルで策定され始めたということはない[3]。その一方で，日本では，「教員の資質・能力の一覧づくり」と「授業や学級活動といった教育活動」の2つの分野において，スタンダードの作成が進行している（子安, 2017）。

　まず，「教員の資質・能力の一覧づくり」に関するスタンダードには，「教員育成指標」が該当する。教員育成指標に関する議論の発端となったのは，2015年5月に教育再生実行会議が公表した「これからの時代に求められる教員の資質・能力と，それを培う教育，教師の在り方について（第七次提言）」であり，

そこで初めて「育成指標」という文言が用いられた（姫野, 2017）。同年12月には中央教育審議会答申「これからの学校教育を担う教員の資質能力の向上について」が示され，教育再生実行会議の提言が教員育成協議会の設置と教員育成指標の策定というかたちに具体化された。この答申を受けて2016年11月に教員公務員特例法が一部改正され，2017年４月から教育委員会や大学などの関係者で構成される教員育成協議会を都道府県や政令指定都市に設置し，教員育成指標とそれに基づく教員研修計画を策定することが義務づけられた。さらに，2017年３月には「公立の小学校等の校長及び教員としての資質の向上に関する指標の策定に関する指針」が定められ，これを参酌して教員育成指標を策定することとされた。2022年８月に改正・告示された同指針では，教師に共通して求められる資質や能力が，①教職に必要な素養，②学習指導，③生徒指導，④特別な配慮や支援を必要とする子どもへの対応，⑤ICTや情報・教育データの利活用の５つの柱にまとめられた。こうした教員育成指標の位置づけについて，教育公務員特例法の附帯決議では，教員育成指標が「画一的な教員像を求めるものではなく，全教員に求められる基礎的，基本的な資質能力を確保し，各教員の長所や個性の伸長を図るもの」であることが留意されてはいる。ただし，教員育成指標の策定によって，教師の職務が細分化・画一化されたり，教師の学びや成長が単線的に捉えられたりすることが懸念されている（子安, 2017; 姫野, 2017）。

また，「授業や学級活動といった教育活動」に関するスタンダードには，「授業スタンダード」がある。授業スタンダードの作成は，自治体や学校で近年広まっている。授業スタンダードの内容には，授業をいかなる過程で進めるのかという授業展開のモデルや，板書の構造化など具体的な指導方法などがみられる（内山, 2018; 勝野, 2016; 子安, 2016; 子安, 2021; 福田, 2017）。そして，授業スタンダードは，教育委員会などで従来作成されてきた授業づくりの手引きよりも，強い規範性をもつものとして位置づけられている（勝野, 2016）。

授業スタンダードが作成されるようになった背景には，全国学力・学習状況調査（以下，全国学力テスト）の結果改善と，団塊世代の大量退職に伴う若手

教師の増加が指摘されている（内山, 2018; 勝野, 2016）。まず，全国学力テストの結果改善に関わっては，2007年度から2010年度まで文部科学省が全国の都道府県・政令指定都市教育委員会に委託事業として展開していた，「学力調査の結果に基づく検証改善サイクルの確立に向けた実践研究」による影響が予想される。この委託事業の目的は，全国学力テストの結果の活用・分析を通して，学力向上のための効果的な取組や課題を明らかにすることで，継続的に全国学力テストの結果改善に取り組む体制を構築するというものであった。そのため，この委託事業の試みや研究成果として，学力向上に有効とされる授業展開や指導方法が授業スタンダードとしてまとめられていった可能性がある。また，若手教師の増加については，「令和元年度学校教員統計調査」[4]の結果によれば，ほとんどの学校段階において30歳未満の教師の割合が増加しており，その一方で50歳以上の教師の割合は減少している傾向がみられる。これらの傾向は，授業の「わざ」をベテラン教師から若手教師へ緩やかに伝承することが難しくなっていることを意味している。こうした状況を受けて，ベテラン教師からの伝承によることなく，効率的に若手教師に授業スキルを習得させるために，授業スタンダードが作成されていると考えられる。

　以上のように，近年の日本においては，教師としての成長と授業づくりに関する「スタンダード」の作成が進行している。しかしながら，これらのスタンダードの動向には違いもみられる。教員育成指標の策定やそれに基づく研修の実施は法的に義務づけられているため，教員育成指標は法令としての性格が強いように見受けられる。さらに，教員育成指標は中央政府の主導のもとで進められており，作成にあたっては文部科学省が告示する指針を参酌しなければならないため，自治体によって違いが生じにくいことが予想される。その一方で，授業スタンダードは全国学力テストといった国レベルの教育政策の影響を受けてはいるものの，法的な根拠をもたず，自治体や学校によって自主的に作成されている。したがって，授業スタンダードのほうが，自主性に基づく規範としてのスタンダードの性格（Landri, 2022）をより顕著に表しており，自治体や学校によって様相が異なっているのではないかと予想される。

以上を踏まえて，本研究では，近年の日本における教育の「スタンダード」作成や「スタンダード化」の動向の中でも，授業スタンダードに着目して検討を進める。なお，本節で整理した授業スタンダードの内容と規範性を踏まえて，本書では授業スタンダードを「授業展開や指導方法の規範」と定義する。

第3節　授業スタンダードに関する先行研究の整理

　授業スタンダードの動向について言及している先行研究の多くは，授業スタンダードが授業実践にもたらし得る影響について議論している。そして，その影響を肯定的に捉えるか批判的に捉えるかについては，先行研究の間で意見が対立している。

　授業スタンダードによる影響を肯定的に評価している研究には，青木（2018）や内山（2018）がある。青木は，若手教師の割合が増加している近年の学校現場において，多様かつ複雑な状況に対応するための「合理的な解」として授業スタンダードが示されることを肯定的に捉えている。内山も，授業スタンダードの活用によって授業実践の不確実性が解消され，子どもたちが教育サービスを十分に享受できるようになったり，授業実践の密室性を軽減できるようになったりすると主張している。つまり，リーズら（Riese *et al*, 2022）が指摘しているように，授業スタンダードを肯定的に捉える立場は，授業スタンダードを用いることで，若手教師の増加という社会的な課題や授業実践の複雑性の緩和を期待できるため，授業スタンダードに基づいて実践することを正当化している。

　その一方で，授業スタンダードに対して懸念を示している研究には，勝野（2016）や子安（2021），仲田（2018），福田（2017）などがある。これらの研究は，授業スタンダードによって授業づくりにおける教師の裁量が矮小化され，授業実践が画一化することを危惧している。近年の教育政策では，教育の質を表す指標として子どもたちの学力が重視され，それを測定するために学力テストの成績が注目されるとともに，学力テストの成績は教師の質によって左右されると捉えられている（Cochran-Smith, 2005）。こうした体制のもとでは，学校

や教師は学力テストの成績改善に貢献しなければならないという恐れを感じ（Ball, 2003），「テストのための授業」が広まる可能性がある（勝野, 2007）。そして，授業スタンダードが作成されている背景には全国学力テストの結果改善があるため，授業スタンダードは学力テストの結果改善に授業実践と教師の学びを狭めることを助長する可能性が指摘されている。また，ハーグリーブスによれば，教師の知識やスキルに関するスタンダードを科学的・技術的に定義することで，教えることに情熱をもち，子どもたちの学習や生活をケアするという，教師の仕事における感情的な側面が軽視され得る（Hargreaves, 2000）。そのため，授業スタンダードに依拠することで，教師は授業スタンダードが想定していない子どもの姿を捉えきれず，一人ひとりの子どもに寄り添えなくなる可能性が指摘されている（福田, 2017）。したがって，授業スタンダードに批判的な立場は，一見すると「万能（one-size-fits-all）」と思われるような方法に依拠することが，教師の経験やスキルに基づく専門職としての判断を阻害し，かえって脱専門職化させることを懸念している（Riese *et al.* 2022）。

以上のように，授業スタンダードの是非をめぐってさまざまな議論が交わされている。しかしながら，先行研究による見方には，以下の課題もみられる。

一つ目に，先行研究では，授業スタンダードが単一のものとして捉えられているように思われる。本章の前節で述べたように，授業スタンダードには法的な根拠が存在せず，自治体や学校によって自主的に作成されていることが少なくない。そのため，授業スタンダードの内容や規範性がすべての自治体や学校で共通しているとは限らない。さらに言えば，すべての自治体や学校で授業スタンダードが作成されているわけでもない。したがって，授業スタンダードの内容や規範性にはどのようなパターンがみられるのか，またどのような自治体や学校が授業スタンダードを作成しているのかを検討する必要がある。

二つ目に，先行研究は，教師が授業スタンダードをどのように受けとめているのかを実証的に明らかにするには至っていない。多くの先行研究は，授業スタンダードが教師に与え得る影響を理論的に考察することを通して，ある種の影響を正当化もしくは危惧している。しかしながら，こうした見方は，教師に

よる授業スタンダードの受けとめ方が多様である可能性を想定しきれていないように見受けられる。本章第1節で整理したように，スタンダードは教育実践をスタンダード化しうるものの，スタンダードが常に教育実践をスタンダード化させるというわけではない（Savage & Lewis, 2018）。その理由の一つとして，教師は教育政策を単純に実行するのではなく，教育政策を解釈したり複雑な文脈の中に位置づけたりしうることがあげられる（Ball *et al*, 2012）。つまり，授業スタンダードがすべての教師に同じ影響を及ぼすというよりも，個々の教師の置かれている状況や個人要因によって，授業スタンダードに対する教師の受けとめ方が異なっている可能性がある。そのため，教師は授業スタンダードをどのように受けとめているのか，また受けとめ方を規定する要因は何かを，実証的に検討することが求められる。

第4節 本書の課題と構成

　以上を踏まえて，授業スタンダードの展開と教師による反応の実態を解明するために，本書では，授業スタンダードにはどのようなパターンがあり，どのような自治体や学校で作成されているか，また教師は授業スタンダードをどのように受けとめているのかを検討する。本書は，本章と終章を含めて，全8章から構成されている。次章以降の概要は以下のとおりである。
　第1章と第2章では，授業スタンダードの内容と規範性について検討し，授業スタンダードの形態に関する仮説生成を試みる。
　まず第1章では，授業スタンダードに含まれる内容を明らかにするために，都道府県レベルの授業スタンダードを対象としたテキストマイニング分析を行う。授業スタンダードとそれ以外の授業づくりに関する指導文書を比較することで，それらの文書の間には内容面でどのような差異がみられるのかを析出する。分析の結果，授業スタンダードは，子どもたちの学力定着のために具体的な授業展開や指導方法を含んでおり，教師を対象として作成されていることが示される。
　続いて第2章では，都道府県よりも日常的に教師の授業づくりに関わってい

る市区町村レベルに着目して，授業スタンダードの規範性に関する仮説生成を試みる。市区町村教育委員会に対するインタビュー調査を通して，授業スタンダードには，授業づくりにおいて教師が準拠するように求めているものと，あくまで参考程度として位置づけているものがあることが示唆される。

第3章と第4章では，市区町村の授業スタンダードに着目し，授業スタンダードを作成している市区町村の特徴と，市区町村が作成した授業スタンダードに対する教師の受けとめ方を明らかにする。ここで市区町村の授業スタンダードに着目する理由としては，市区町村が義務教育段階の公立学校に関する設置管理や教職員の服務監督を担っていることがあげられる。都道府県が作成した授業スタンダードよりも市区町村が作成した授業スタンダードのほうが，義務教育段階の公立学校教師にとって影響力が大きいと予想される。したがって第3章と第4章では，市区町村の授業スタンダードに着目する。

まず第3章では，授業スタンダードを作成している市区町村の特徴を明らかにする。具体的には，全国の市区町村を対象とする質問紙調査を行い，授業スタンダードを作成している自治体数の割合や特徴を分析する。また，授業スタンダードの内容と規範性による類型化を行い，授業スタンダードの型を左右する自治体要因を明らかにする。この分析を通して，授業スタンダードを作成する動機によって授業スタンダードの型が規定されることが示される。

次に第4章では，市区町村が作成した授業スタンダードを教師がどのように受けとめているのかを明らかにする。授業スタンダードを作成している市区町村の公立小中学校教師に対して質問紙調査を行い，自治体・学校・教師の各レベルの変数を考慮した分析を行う。分析の結果，各レベルの変数が授業スタンダードに対する教師の受けとめ方に影響していることが示される。

第5章と第6章では，学校における授業スタンダードの作成状況と教師による受けとめ方を検討する。第3章・第4章では市区町村による授業スタンダードを分析するが，近年では市区町村の授業スタンダードを受けて学校単位でも授業スタンダードを作成するところが増えてきている。教師にとっては，自治体の作成した授業スタンダードよりも，勤務校の実態に即して作成された学校

の授業スタンダードのほうがより身近なものとなり得る。そこで第5章と第6章では，学校が作成する授業スタンダードに着目する。

　第5章では，授業スタンダードを作成している学校の特徴を明らかにする。授業スタンダードが存在する市区町村では，学校が市区町村の授業スタンダードを受け，それをどのように活用し，学校の授業スタンダードの作成に結びつけているのかについても検討する必要がある。そこで，市区町村が授業スタンダードを作成している地域の小中学校を対象に質問紙調査を行い，授業スタンダードを作成している学校の割合や特徴を分析する。また，学校が作成する授業スタンダードの内容と規範性を類型化し，授業スタンダードの型に影響を与える学校要因を明らかにする。この分析を通して，学校の授業スタンダードの作成や特徴には，市区町村の授業スタンダードの特徴，全国学力テストに関わる要因，ならびに校内研究担当者のリーダーシップスタイルが関わっていることが示される。

　続いて第6章では，学校の授業スタンダードを教師がどのように受けとめているのかを明らかにする。授業スタンダードを作成している小中学校の教師を対象に質問紙調査を行い，学校と教師の2つのレベルの変数を考慮した分析を行う。分析の結果，学校の授業スタンダードに対する教師の受けとめ方は，第4章で検討する自治体の授業スタンダードに対する教師の受けとめ方とは異なる要因によって規定されることが明らかとなる。

　最後に終章では，第6章までの分析で得られた知見をまとめた上で，授業スタンダードの作成状況と教師の受けとめ方を総合的に考察する。さらに，自治体・学校・教師が授業づくりにいかに向き合っていくべきかについて議論する。そして最後に，本書の限界と今後の課題を述べる。

第5節　本書の意義

　本論に入る前に，本書の意義について，3点を主張したい。

　一つ目に，スタンダードやスタンダード化に対する静態的な見方の相対化を促す点である。本章第1節でも整理したように，国外における近年の研究で

は，スタンダードやスタンダード化が多様であるという見方が共有されつつある（Lewis *et al*, 2020; Riese *et al*, 2022; Savage & Lewis, 2018）。その一方で，スタンダードやスタンダード化について言及している国内研究は，スタンダードが教師の学びや教育実践をスタンダード化させるのではないかと危惧するあまり，ともすればスタンダードやそれに対する教師の受けとめ方を単一のものとして想定してきたように見受けられる。本書では，自治体や学校で作成されている授業スタンダードと教師による受けとめ方の多様性を仮定する点で，従来の国内研究による静態的な見方の相対化を期待できる。また，国外の研究では，スタンダードの作成・採用やそれに対する教師の反応を捉えるために，事例研究やインタビュー調査といった質的な方法が用いられてきた（Hardy, 2021; Salton, 2019）。それに対して，本書は，国内外で初めて，スタンダードの作成と教師による受けとめ方を量的に検討している研究である。

　二つ目に，本書の課題を検討するにあたって，市区町村・学校・教師の階層性を考慮している点である。教育学の分野でデータの階層性を踏まえている先行研究として，学校レベルと教師個人レベルを考慮しているものは確認できるが（川口, 2009; 山下, 2021など），自治体レベルまで視野に入れているものは管見の限り存在しない。その一方で，本書では，市区町村の授業スタンダードに対する教師の受けとめ方を検討している第4章において，教師個人の要因や学校レベルの要因のみならず，授業スタンダードの特徴や自治体の特徴といった市区町村レベルの要因が及ぼす影響も明らかにしている。また，学校作成の授業スタンダードを分析している第5章では，学校レベルの要因だけでなく，市区町村作成の授業スタンダードなど市区町村レベルの要因との関わりを検討している。したがって，本書は，自治体の教育政策が学校経営のあり方や教師の受けとめ方に及ぼす影響について，自治体・学校・教師の階層性を踏まえて検討している点で，教育学研究の発展に寄与できると考えられる。

　三つ目に，授業スタンダードという分野横断的なテーマを扱う点である。例えば，授業スタンダードの動向は，教育政策の一つとして教育行政学において議論されてきたが，一方では授業実践のあり方を規定するものとして教育方法

学においても関心が寄せられてきた。

　教育行政学では，主に政策過程の視点から，授業スタンダードがどのように策定・活用されているのかが検討されている。そして，一部には，授業スタンダードの策定に教師が参加したり，教師がそれをよいものとして捉えたりしてさえすれば，授業スタンダードは許容されるとの主張もある。もちろん，教育政策の形成過程において，教師を含めた多様なアクターの意見が踏まえられるべきであるということに疑いはない。しかしながら，授業スタンダードの是非を策定過程における教師の参加や教師による認識のみに求めることは，研究者自身がどのような教師の学びや授業実践を望ましいと考えるのかという問いに向き合いきれていないように思われる。教育行政学の内部からも，授業スタンダードをめぐる判断を完全に教師の責任とすることの難しさが指摘されている（坂田, 2018）。

　その一方で，教育方法学では，どのような教師の学びや授業実践が望ましいのかという問いが正面から取り組まれてきた。その中では，自治体によって授業スタンダードが教師に押しつけられており，教師の仕事や子どもの生活が阻害されているとの問題意識が見受けられる。そして，授業スタンダードの取り下げと自律的な教師による授業スタンダードへの対抗を期待する論調が際立つ。ただし，こうした主張のみでは，授業スタンダードにみられる課題を指摘することに終始し，授業スタンダードの作成要因など授業スタンダードが普及するメカニズムを踏まえた議論を展開することができない。また，強い自律性をもつ教師を求めるあまりに，現実には授業スタンダードに惹きつけられている教師が存在するということを受けとめて議論することが難しいように推察される。

　以上の課題を乗り越えるために，本書では教育行政学と教育方法学のどちらか一方ではなく両方の視点を活かすことで，授業スタンダードの作成状況や教師の受けとめ方を実証的に分析するとともに，その結果を踏まえて今後の教師教育のあり方を探究することを目指す。

注
1）リーゼらの整理によれば，スタンダードは，ルール（Bowker & Star, 1999; Brunsson & Jacobsson, 2000），レシピ（Busch, 2011），統治技術（Rose, 1999），社会生活を調整するための現象（Timmermans & Epstein, 2010），知識の対象（Higgins & Larner, 2010; Landri, 2018）として説明されてきたという。
2）ただし，木場によれば，ESSA制定後には「CCSS離れ」の現象もみられるという。
3）一部の自治体では独自のコアカリキュラムが作成されているが（例えば，https://www.city.minamiawaji.hyogo.jp/site/manabutanoshisa/core.html：最終閲覧日2023年3月3日），現状では全国的に広まっているとは言い切れない。
4）https://www.mext.go.jp/content/20210324-mxt_chousa01-000011646_1.pdf（最終閲覧日：2023年3月2日）。

第1章　授業スタンダードの内容

第1節　本章の目的

　本章の目的は，授業スタンダードの内容的な特徴を捉えることである。

　先行研究では，授業スタンダードの特徴の一つとして，それに含まれている内容が指摘されている。共通して取り上げられているものとして，1単位時間の授業の流れがある（内山, 2018; 勝野, 2016; 子安, 2021; 福田, 2017）。加えて，板書の構造化やノート指導（勝野, 2016），発問の仕方（内山, 2018），ICT活用（子安, 2021）といった具体的な指導方法も含まれていることが紹介されている。

　しかしながら，これらの指摘では，その根拠としていくつかの事例が取り上げられているものの，全体の傾向を論じられるだけの事例数を確保できているとは言い難い。また，授業スタンダードに含まれている内容が，従来作成されてきた授業づくりの手引き（以下，指導文書）に含まれている内容と異なっているのかどうかについても定かではない。これらの点を明らかにするためには，自治体数が比較的少数であり，かつ多くのリソースをもっている都道府県に着目して，授業スタンダードと指導文書を網羅的に分析し，その結果を比較することが有効であると考えられる。

　ただし，先行研究では，都道府県における授業スタンダードの作成状況が明らかにされていない。授業スタンダードの作成事例として都道府県のものも紹介されているため（子安, 2021），都道府県における授業スタンダードの実態を解明する意義は大きいと考えられる。また，授業スタンダードの作成背景には全国学力テストによる影響があるが，数値目標を設定して改善を図ろうとしている自治体ほど（北野, 2021b），そのためのツールとして授業スタンダードを作成している可能性がある[1]）。さらに，授業スタンダードの規範性の強さを表

19

すものとしてチェックリストの存在が指摘されているが（勝野，2016），指導文書よりも授業スタンダードのほうがチェックリストを含みやすいのかどうかについても検討の余地がある。

　そこで，本章では，都道府県における授業スタンダードの作成状況，および成果指標の設定やチェックリストの記載との関連を明らかにした上で，都道府県の授業スタンダードと指導文書を比較しながら，授業スタンダードのもつ内容の傾向を明らかにする。

第2節　本章の方法

（1）調査概要

　都道府県の教育委員会あるいは教育センターが作成した授業スタンダードと指導文書を分析の対象とした。2017年9月から11月にかけて，47都道府県すべての教育委員会と教育センター，合計94機関に電話調査を行った。この調査では，授業づくりに関する手引きの担当者に対して，規範として位置づけられる授業スタンダードと，規範性をもたないものとして位置づけられるその他の指導文書の作成状況を尋ね[2]，すべての機関から回答を得られた。そして，作成されている資料がウェブサイトに記載されているかどうかを確認し，ウェブサイト上に確認できない場合には資料の郵送を依頼した。また，全国学力テストの結果に関する成果指標の設定有無については，教育振興基本計画などを参照するとともに，電話調査の際に確認した。

（2）分析方法

　本章では，授業スタンダードと指導文書の内容的な特徴を示すための方法としてテキストマイニングを用いるが，分析前にデータクリーニングを行うことが必要である。本章で分析する資料のほとんどがPDFファイルであったため，テキストデータに置き直した。また，明らかに誤字脱字と思われる部分がある場合は適宜修正し，スペースなどの記号を削除した。複数の表現がある語については，例えば，「子供」「子ども」「児童」「生徒」「児童生徒」を「子ども」，「教師」「先生」を「教師」，「思考」「考え」を「思考」にまとめた。さら

に，箇条書きで記されている箇所については，手引き全体の構成や文脈から判断して，改行が意味のあるものになるように整理した。加えて，先行研究では授業スタンダードがどのような教科領域の指導にも適用できる汎用的な内容をもつものとして想定されているため，本章で収集した資料のうち，特定の教科領域に関する内容や事例を紹介したりしている部分，また「はじめに」や「発刊にあたって」など内容に直接関係しない部分は，分析データに含めなかった。

以上の作業を経て得られたデータに対して，テキストマイニング分析を行った。テキストマイニング分析では，KH Coder（Version 3. Alpha.10）を用いた[3]。なお，分析前に複合語の検出を行い，検出されたものは適宜強制抽出した。また，分析結果の解釈にあたっては，KWIC コンコーダンスによって手引き内の使用例を参照したり，コロケーション集計によって直前・直後の語を確認したりした。

第3節　授業スタンダードと授業づくりの指導文書の作成状況

授業スタンダードと指導文書のテキスト内容を分析する前に，本節ではこれらの文書がどのくらいの都道府県でいつ頃に作成されているのか，また成果指標の設定有無との関連がみられるのか，チェックリストが記載されやすい傾向があるのかを検討した。

（1）作成自治体の割合と作成年度

調査の結果，授業スタンダードを作成している都道府県は31自治体（65.9％）であった。このうち，個別の教科領域に関するもののみを授業スタンダードとして作成している自治体が1自治体あったため，汎用性のある内容をもつ授業スタンダードに限定すると30自治体（63.8％）であった。その一方で，授業スタンダード以外で授業づくりの指導文書を作成している自治体は30自治体（63.8％）であった。このうち，各教科領域に関するもののみを指導文書として作成している自治体が4自治体みられたため，汎用性のある内容をもつ指導文書に限定すると26自治体（55.3％）であった。

さらに，授業スタンダードと指導文書の作成状況からは，授業スタンダードも指導文書も作成していない自治体は3自治体のみで，ほとんどの自治体が授業づくりについての手引きを作成していることがわかる。また，両方の手引きを作成している自治体が最も多く，授業づくりの手引きを手厚く作成することによって教育現場の授業づくりに関与しようとしていると言える（図表1-1）。

各都道府県で作成されている授業づくりの手引きは合計88件であり，授業スタンダードが50件（56.8%），指導文書が38件（43.2%）であった。授業スタンダードと指導文書の作成年度をみると，いずれも近年になって作成されているものが多い（図表1-2，図表1-3）。

図表1-1　授業スタンダードと指導文書の作成

		指導文書 あり	指導文書 なし	合計
授業スタンダード	あり	17 (54.8)	14 (45.2)	31 (100.0)
授業スタンダード	なし	13 (81.3)	3 (18.7)	16 (100.0)
合計		30 (63.8)	17 (36.2)	47 (100.0)

（比率%）

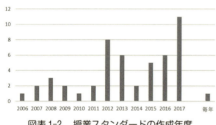

図表1-2　授業スタンダードの作成年度

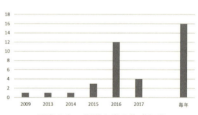

図表1-3　指導文書の作成年度

（2）成果指標の設定有無との関連

次に，授業スタンダードや指導文書の作成と全国学力テストに関わる成果指標との間に関連があるのかどうかについて，Fisherの正確確率検定を用いて検討した。その結果，成果指標を設定している自治体ほど，授業スタンダードを作成している傾向がみられた（図表1-4）。その一方で，指導文書の作成と成果指標の設定との間には関連がみられなかった（図表1-5）。したがって，

成果指標を設定して全国学力テストの結果改善を図っている自治体では，授業スタンダードのほうが作成されやすいことが示された。

図表1-4　授業スタンダードの作成と成果指標の設定との関連

		成果指標		合計
		あり	なし	
授業スタンダード	あり	24 (77.4)	7 (22.6)	31 (100.0)
	なし	7 (43.8)	9 (56.3)	16 (100.0)
合計		31 (66.0)	16 (34.0)	47 (100.0)

$p<.05$. （比率%）

図表1-5　指導文書の作成と成果指標の設定との関連

		成果指標		合計
		あり	なし	
指導文書	あり	18 (60.0)	12 (40.0)	30 (100.0)
	なし	13 (76.5)	4 (23.5)	17 (100.0)
合計		31 (66.0)	16 (34.0)	47 (100.0)

$n.s.$, （比率%）

　こうした結果は，序章で授業スタンダードの作成背景として整理した，「継続的な検証改善サイクル」委託事業による影響を裏づけていると言える。また，指導文書については毎年度作成されるものも多いが，ほとんどが全国学力テストや県の学力調査の結果を受けた検証改善のための資料，あるいは学校改善支援プランである。そのため，毎年作成されている指導文書も，「継続的な検証改善サイクル」委託事業の影響を受けたものであると推察される。

（3）チェックリストの記載有無との関連

　さらに，授業スタンダードと指導文書の間にはチェックリストの有無に差がみられるのかについて，Fisherの正確確率検定によって分析した。その結果，授業スタンダードは他の指導文書と比較して，チェックリストを含みやすいことが確認された（図表1-6）。したがって，授業スタンダードは，他の指導文書よりも，それに含まれる内容や価値をチェックリストで確認させている可能性がある。

図表1-6 チェックリストの記載有無との関連

	チェックリスト あり	チェックリスト なし	合計
授業スタンダード	29 (58.0)	21 (42.0)	50 (100.0)
指導文書	6 (15.8)	32 (84.2)	38 (100.0)
合計	35 (39.8)	53 (60.2)	88 (100.0)

$p<.001$．(比率%)

第4節 授業スタンダードのテキストマイニング分析

　本節では，テキストマイニング分析によって，授業スタンダードにはどのような内容が含まれているのかを明らかにする。電話調査では51件の授業スタンダードが作成されていることを確認したが，2件は各教科に関するもの，1件は非公開の資料であったため，本書では48件の授業スタンダードを分析対象とする。本節で分析する授業スタンダードに関するデータ全体の段落数は1,953件，文数は10,390件，単語の出現数は5,065件であった。

　授業スタンダード全体における上位頻出語は，図表1-7のとおりである。授業スタンダードでは，「学習」や「思考」，「指導」や「方法」などといった「授業」における「教師」と「子ども」のあり方についての語彙が目立つ。また，子どもに関わっては「書く」「振り返る」「ノート」，教師に関わっては「板書」という用語が頻出語として析出されており，授業スタンダードでは授

図表1-7 授業スタンダードにおける上位頻出語[4]

1. 子ども (3,043)	6. 評価 (701)	11. 時間 (454)	16. 内容 (396)	21. 方法 (342)
2. 授業 (2,058)	7. 活動 (551)	12. 課題 (429)	17. 振り返る (395)	22. 理解 (341)
3. 学習 (1,660)	8. 教師 (548)	13. 工夫 (412)	18. 単元 (370)	23. ノート (329)
4. 思考 (1,522)	9. 自分 (512)	14. 分かる (410)	19. 目標 (366)	24. 板書 (327)
5. 指導 (1,282)	10. 書く (457)	15. 学ぶ (397)	20. 計画 (343)	25. 明確 (324)

( ) 内の数値は当該語の出現数

業における具体的かつ「明確」な行動についての用語が多用されている。さらに，子どもが「分かる」ように授業を行うことが意識されている。

次に，授業スタンダードにおいて多く用いられているこれらの用語が，いかなる関係性をもっているのかについて，共起ネットワーク分析によって探索的に検討した。図表1-8に示された結果から，大きく4つの特徴がわかる。まず，授業における教師の指導や子どもの学習についてのグループを確認できる（右上）。教師が指導内容や授業時間の使い方に注意を払い，工夫した授業づくりを行うことで，子どもたちに自ら考えさせる活動を取り入れ，子どもたちに学習内容を理解させることが求められている。端的にいえば，このグループに

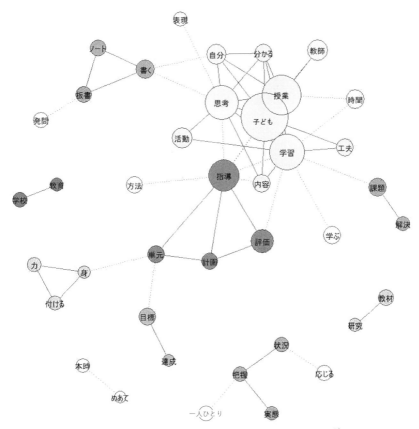

図表1-8　授業スタンダードのテキストの共起ネットワーク[5]

は，基礎学力の定着と「主体的・対話的で深い学び」を実現するための指導方法が記されていると考えられる。また，この点に関わって，授業における教師や子どもの行動も示されている（左上）。具体的には，自分の思考や板書の内容をノートに書くことを子どもたちに指導したり，あるいは教師が板書や発問の仕方に注意を払ったりすることが必要とされている。さらには，単元などの目標を達成することを目指して指導計画を作成すること（中央），子どもたち一人ひとりの実態を把握しながら状況に応じて適切な指導を行うことも含まれている（中央下）。

第5節 指導文書のテキストマイニング分析

次に，指導文書に含まれている内容を検討する。電話調査では38件の指導文書が作成されているとの回答を得たが，4件が各教科に焦点化したもの，5件が非公開資料などの事情で収集が難しかったため，29件の指導文書を分析対象とする。本節で検討する指導文書に関するデータ全体の段落数は608件，文数は2,723件，単語の出現数は3,184件であった。

指導文書全体における上位頻出語を図表1-9に示した。指導文書では，授業スタンダードと同様に授業に関する語彙（「学習」「授業」「思考」「指導」「学ぶ」「振り返る」など）が並んでいるものの，「学校」「教科」「改善」「取組」などといった授業スタンダードでは確認できなかった語もみられる。

図表1-9 指導文書における上位頻出語[6]

1. 子ども (732)	6. 課題 (271)	11. 評価 (147)	16. 教科 (132)	21. 解決 (118)
2. 学習 (545)	7. 学校 (222)	12. 工夫 (138)	17. 目標 (132)	22. 学び (118)
3. 授業 (402)	8. 学ぶ (191)	13. 考える (138)	18. 教師 (127)	23. 活動 (117)
4. 思考 (383)	9. 活用 (167)	14. 取組 (136)	19. 自分 (124)	24. 時間 (115)
5. 指導 (360)	10. 教育 (160)	15. 改善 (132)	20. 振り返り (121)	25. 学習内容 (101)

（ ）内の数値は当該語の出現数

次に,指導文書に多く使用されている語の関係性を明らかにするために,共起ネットワーク分析を行った。図表1-10の結果から,5つの特徴を指摘できる。まず,子どもの思考力を促したり学習課題に取り組ませたりするといった各教科の授業における指導のあり方が含まれている(中央下)。この点に関わって,子どもの知識・技能や思考力・判断力を育てるために,探究学習や「主体的・対話的で深い学び」,問題解決的な学びをしたり,こうした学びを振り返ったりすることも記されている(右上)。また,全国学力テストの結果を全国平均と見比べながら分析すること(中央左),その結果を踏まえて学校教育

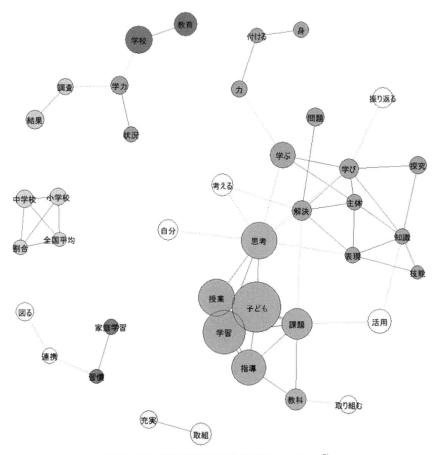

図表1-10　指導文書のテキストの共起ネットワーク[7]

を改善すること（左上），家庭学習の習慣を形成するために家庭との連携を図ることが含まれている（左下）。

第6節　本章のまとめ

　本章では，都道府県における授業スタンダードの作成状況と成果指標の設定やチェックリストの記載との関連，および都道府県の授業スタンダードと指導文書の内容的な傾向を検討した。本章の分析で得られた知見を，以下に整理して考察する。

　まず，授業スタンダードの作成状況については，先行研究が指摘しているとおり，全国学力テストの結果改善や若手教師の増加に対応するために，多くの都道府県で作成されていることがうかがえた。特に，全国学力テストの結果に関わる成果指標を設定している都道府県ほど，授業スタンダードを作成しやすいことが示された。加えて，授業スタンダードの中にチェックリストが含まれやすい傾向が示されたため，授業スタンダードは他の指導文書より強い規範性をもっていると考えられる。

　また，本章の分析によって，授業スタンダードと指導文書との間の内容面での違いが明確になった。授業スタンダードには，子どもの活動や振り返りの取り入れ，ノート指導および板書や発問の仕方などといった授業の展開や指導方法が含まれており，かつこうした指導方法は「分かる」という子どもたちの学力定着と結びつけられていることが確認された。その一方で，指導文書には，知識・技能や思考力・表現力を身につけさせるための探究学習や主体的・対話的で深い学び，問題解決的な学びといった授業実践のあり方，および全国学力テストの結果改善が記されていることが示された。授業スタンダードと指導文書のいずれも，教育活動のあり方に触れている点では類似している。しかしながら，指導文書では探究学習や主体的・対話的で深い学びなどの大まかな解説が主に記されているのに対して，授業スタンダードには具体的な授業展開や指導方法が含まれているという違いがみられた。さらに，指導文書には全国学力テストの結果分析が含まれているものもあり，こうした指導文書は学校教育活

動の改善のために学校に向けて作成されていると考えられる。その一方で，授業スタンダードは個々の授業実践を規定するものであり，教師に向けて作成されているように見受けられる。したがって，授業スタンダードの内容的な特徴として，子どもたちの学力定着のために，より具体的な授業展開およびノート指導や板書・発問の仕方といった指導方法を含んでおり，かつ授業づくりに日々取り組んでいる教師を主な対象として作成されていることを指摘できる。

　第3章以降では，本章で得られた授業スタンダードの内容に関する知見を踏まえて実施した質問紙調査のデータを活用し，内容に基づく授業スタンダードの分類も含めて分析を進める。ただし，その前に，次章では授業スタンダードのもう一つの特徴として指摘されている規範性に着目して，授業スタンダードがどのように位置づけられているのかに関する仮説の生成を試みる。

注
1) 授業スタンダードの作成背景には若手教師の増加も指摘されているが，若手増加に対する自治体としての課題意識を問うことが難しいため，本章の分析には含めなかった。
2) 調査時点では授業スタンダードの内容に子どもの学習規律も含めて検討していたが，実際に収集できたもののほとんどは授業展開や指導方法に関するものであったため，本章の分析に大きな影響はないと思われる。
3) KH Coderによる分析手法については，樋口（2014）を参照した。
4)「大切」(482) や「行う」(455),「必要」(396) は一般語として除外した。
5)「大切」「行う」「必要」を除外して分析した。
6)「必要」(137) や「大切」(128),「行う」(125) を除外して分析した。
7)「必要」「大切」「行う」を除外して分析した。

第 2 章　授業スタンダードの規範性

第 1 節　本章の目的

　本章の目的は，授業スタンダードの規範性に着目して，授業スタンダードの分類可能性を探ることである。

　序章や第 1 章で述べてきたように，授業スタンダードには，他の手引きに比べて強い規範性がみられる。ただし，授業スタンダードすべてが同じ規範性をもつのかどうかについては，十分に明らかにされていない。先行研究では，授業スタンダードの活用をどの程度強く求めるのかによって教育実践に与える影響が異なることが示唆されているものの（内山, 2018），具体的にどのような違いがあるかについては検討の余地がある。

　さらに，授業スタンダードによって規範性が異なるならば，その要因は何かについても定かではない。第 1 章では，全国学力テストに関する成果指標が設定されている場合，都道府県の授業スタンダードが作成されやすいことが示唆された。この知見は，成果指標の設定とその達成を通して全国学力テストの結果改善を進めようとする自治体ほど，そのための手段として授業スタンダードを作成している可能性を予見するものである。ただし，授業スタンダードが学力向上の手段として位置づけられているならば，成果指標を設定して厳格に目標を達成しようとしている自治体ほど，授業スタンダードに準拠して実践することを教師に求めている可能性もある。このことを明らかにするためには，量的な検討を行う前に，まずは質的な調査を行うことで，仮説を得る必要があるだろう。

　これらの 2 つの問いについて，本章では市区町村を対象として取り組む。都道府県は県費負担教職員に対する研修権を有しているものの，都道府県教育委

員会や教育センターに所属する指導主事が学校を訪問して教師を直接指導することは稀である[1]。その一方で，政令指定都市を含む市区町村では，指導主事が置かれている場合，彼らは学校を直接訪問して教師の授業づくりを支援している。そのため，都道府県よりも市区町村の授業スタンダードのほうが，学校訪問を通して繰り返し指導主事から教師に紹介されたり，日々の授業づくりにおいて教師に意識されたりしやすいのではないかと推察される。また，それゆえに，市区町村の授業スタンダードは，教師がそれをどのように授業づくりに活用するのかが，より明確に位置づけられているのではないかと予想される。そこで本章では，市区町村レベルに着目して，授業スタンダードの規範性にはどのような種類がみられるのか，それが全国学力テストの結果に関する成果指標の設定有無と関わりうるのかについて，仮説の生成を試みる。

第2節　本章の方法

（1）調査概要

本調査では，まず予備調査として，2015年10月から12月にかけて，政令指定都市20自治体，特別区23自治体，すべての市（770自治体）町村の半分（町361自治体，村101自治体，その他2ヶ所）の合計1,277ヶ所を対象として，郵送による自記式質問紙調査を行った。授業スタンダードについては445件の回答があり，独自に作成している自治体は46件であった。このうち，全国学力テストの結果に関わる成果指標を設定しているのが11件，設定していないのが31件，未回答が4件であった。

予備調査では授業スタンダードの送付も依頼し，提供された授業スタンダードを本書の定義に基づいて確認した[2]。その上で，自治体にインタビュー調査を依頼し，合意を得られた自治体を訪問した。本章で紹介する6自治体の概要と2016年度全国学力テストの結果，全国学力テストの結果に関わる成果指標の設定状況を図表2-1に示す。

訪問調査では，授業スタンダードの規範性に加えて，授業スタンダードの内容や位置づけ，作成背景，授業スタンダードによる効果と課題に関する認識に

ついて半構造化インタビューを行った。インタビューはすべて調査協力者の同意を得て録音された。インタビューは，教育委員会の指導主事や指導主事が所属する部局の課長を対象に行った。彼らを対象とした理由は，指導課にあたる部局が授業スタンダードを担当しているため，また学校訪問を行い，授業づくりを指導している指導主事や，指導主事を束ねる担当課長が授業スタンダードの規範性に詳しいと考えたためである。調査日と調査協力者の概要を図表2-2に示す。

図表2-1　本章で扱う自治体

	A市	B市	C市	D市	E市	F市
所在	関西地方	関西地方	関東地方	関東地方	関西地方	東北地方
規模	中核市規模	政令市	政令市	中核市規模	10万人強	10万人弱
学力調査結果	小・中すべての教科で全国平均以上	小・算数B以外は全国平均以下	小・中すべての教科で全国平均以上	小・中すべての教科で全国平均以上	小・中すべての教科で全国平均以下	小・中すべての教科で全国平均以上
成果指標	全国平均との比較など	全国平均との比較	全国平均との比較	なし	なし	なし

図表2-2　調査日と調査協力者の概要

	調査日	調査協力者
A市	2016年12月15日	学校教育課参事，指導主事
B市	2016年12月14日	学校教育課主任指導主事，指導主事
C市	2016年11月15日	指導課主任指導主事2名
D市	2016年11月29日	指導課主幹，指導主事
E市	2016年12月13日	教育政策課長兼教育研究所長，主査
F市	2017年5月18日	学校教育課長

（2）分析方法

分析にあたっては，まずインタビュー記録を逐語録化し，授業スタンダードの内容や位置づけ，規範性についての語りを中心に取り上げて分析した。また，授業スタンダードや各種指導文書等を補助資料とした。本章の執筆にあたり，文意を損ねない範囲でインタビュー記録の語順を入れ替えたり，加除を施

したりした。

　本章では，全国学力テストの結果に関わる成果指標を設定している自治体としてＡ市を，設定していない自治体としてＤ市を取り上げる。その理由は，中核市規模の人口を有するために教育リソースの確保が比較的容易である点，ただし中核市ではないために教員の人事・研修権が都道府県にある点で自治体の状況が一致しており，条件を統制しつつ比較検討できるためである。また，結論を先取りすると，成果指標が設定されている自治体とそうでない自治体の間では授業スタンダードの規範性に違いがみられたが（図表2-3），特にＡ市とＤ市の調査から，それぞれの授業スタンダード施策の根底にある教育委員会の理念について重要な回答が得られた。ただし，Ｂ市やＥ市の調査から，Ａ市とＤ市への調査で得られた知見を補強すると同時に特筆すべき点が確認されたため，Ｂ市やＥ市の調査結果にも適宜触れることとする。

図表2-3　自治体別授業スタンダード施策の概要

	Ａ市	Ｂ市	Ｃ市
内容	授業のユニバーサルデザイン，授業の構造化，1時間の授業による学力定着	教師主導から子ども主体の授業への転換，1時間の授業による学力定着	平均正答率と相関がある指導方法，1時間の授業による学力定着
位置づけ	学力向上施策	学力向上施策	学力向上施策
規範性	強い	強い	強い

	Ｄ市	Ｅ市	Ｆ市
内容	授業のユニバーサルデザイン	学び合う授業づくり（主体的・対話的で深い学び）	授業のユニバーサルデザイン
位置づけ	学力向上施策でない	学力向上とともに人間関係づくり	学力向上施策でない
規範性	弱い	弱い	弱い

第3節　成果指標が設定されている事例

　まず，全国学力テストの結果についての成果指標がある事例として，Ａ市を取り上げる。Ａ市は，2006年度に都道府県教育委員会が行った学力調査の結果が芳しくなかったことを受けて，子どもの学力向上に本腰を入れて取り組むよ

うになった。

> なんとなく，もう少しA市はできているとみんな思っていた。家庭環境も比較的落ち着いている地域が多いですし，子どもたちの様子を見ても学力も自然ときっちりついていっていると思っていたところ，そうでもない結果でした。特に中学校が40％未満と80％に山があって二極化をしていることがわかったので，学力にもう少し力を入れていかなければいけないということで2008年度からのプランにつながるということになったようです。
> （A市教育委員会参事に対するインタビューより引用。下線は筆者による）

　A市では，2008年度から3カ年ごとの学力向上プランを作成し，これに沿って学力向上施策が展開されている。2010年作成のプラン以後，全国学力テストの教科ごとの平均正答率のほか，平均正答率が40％未満の子どもの割合や児童生徒質問紙の数値について目標が定められた。各学校にもA市のプランに沿った計画を作成させることで，学力向上施策の浸透のための仕組みをつくってきた。

　A市は2012年に授業スタンダードを作成した。A市は，全国学力テストで好成績を収めている自治体への視察で，授業スタンダード作成のヒントを得たという[3]。

> 授業のユニバーサルデザイン，授業の構造化に重点を置いて，当たり前のことを当たり前にやるという方針でやっていたところを見て，この授業スタンダードづくりに至ったと当時の担当者からは聞いている。
> （A市教育委員会指導主事に対するインタビューより引用。下線は筆者による）

　A市の授業スタンダードでは，その冒頭で児童生徒質問紙における発表の機会や話合い活動についての回答状況が視察した自治体と比較されており，その上で「めあての提示」「個人学習」「グループ学習」「学習の振り返り」という授業展開が示されている。そして，それぞれの段階で教師がとる方策や立ち居振る舞いが説明されており，こうした授業展開や指導方法を「当たり前に授業に取り入れ」，学校全体で授業実践を統一することが掲げられている。特に，学習を振り返る際には，子どもが1時間の授業で「わかる・できる」という達成感を感じられることが重視されている。さらに，A市の学力向上プランでも

学力向上のための学校の取り組みとして授業スタンダードを取り入れた授業づくりが推進されており，A市の授業スタンダードは学力向上施策として明確に位置づけられている。

A市の授業スタンダードは，主に初任者への指導の場で活用されている。A市は，増加する若手教師の力量形成をいかに効率的に進めるのかという課題に直面していた。初任の教師には教育センターの指導主事と退職校長が学期に1回学校を訪問し指導しているが，その際に「授業スタンダードの説明であったり，そういった授業ができているかの確認」(A市教育委員会指導主事に対するインタビューより引用)がなされている。初任の教師には，授業スタンダードに沿った授業づくりが強調されている。例えば，A市教育委員会指導主事は以下のように語っている。

> 初任者への指導で言うと，やってくださいというかたちですね。現実的にはなかなかそこまで強くやりなさいという指導ではないのですが，当然どの学校の校長も，この授業はしないといけないという認識を持っているので，その中で学校の主体的な部分も含めてやってもらっています。
> （A市教育委員会指導主事に対するインタビューより引用。下線は筆者による）

A市の授業スタンダードにも教科特性に応じて工夫する必要性が記されているが，授業スタンダードを当たり前のこととして統一的に実践することも記されている。そのため，A市の授業スタンダードは強い規範性をもって活用されている。このことは，上記下線部の語りにおいて「やってくださいというかたち」や「どの学校の校長も，この授業はしないといけないという認識」と言及されていることに象徴されている。

その一方で，授業スタンダードが課題を引き起こしているとの認識もある。

> こうしましょうというのが出ることで，若い先生にありがちですが，型にはめていくというか，グループワークをしていればいいというか。そうじゃなくて，何の為にグループワークをするか，何の為に個別で考えるか，何の為にめあてを出すのか，何の為に振り返るのか，なぜそれをするのかっていうところがすごい大事だと

> 思うんですけれども，そこの部分がやや弱いのかなというのが，学校に対して行った質問紙調査の中でも見えるかな。
> 　　　　（A市教育委員会指導主事に対するインタビューより引用。下線は筆者による）

　授業スタンダードを活用した指導を徹底してから，A市ではめあての提示や話合い活動の取り組みで児童生徒質問紙の数値が向上している。A市の授業スタンダードは若手教師に浸透しているが，なぜその方法を用いるのかについて熟慮することが抜け落ちがちになってしまっているという。この課題への対応については以下の回答を得られた。

> 訪問の中でというのが今のところですが，担当個人的には何かしら施策を打っていく必要はあると。ただ，50代がほとんどいない中で，いかに若い先生に力をつけていくかは考えていかなきゃいけないとは。
> 　　　　（A市教育委員会指導主事に対するインタビューより引用。下線は筆者による）

　A市の指導主事は，学校訪問で対応しようとしているが，それも不十分であり，根本的な解決のためには自治体として新たな手を打つ必要があると考えている。一方で，若手教師の育成という課題に対応する必要性も感じている。
　また，全国学力テストの結果についての成果指標がある事例として，B市の状況についても紹介する。B市は，若手教師の増加や学習指導要領改訂に伴う「主体的・対話的で深い学び」への対応のために，2014年に授業スタンダードを作成した。B市の授業スタンダードでも授業展開が解説されているが，展開の段階ごとにポイントとされる指導上の留意事項がチェックリスト状に羅列されている。さらに，A市と同様に，授業スタンダードに準拠した授業を行うことで，1時間の授業で子どもに学力が定着したかどうかが重視されている。B市の教育振興基本計画でも，学力向上の方略として，授業スタンダードを活用した授業改善が明確に位置づけられている。
　また，B市の授業スタンダードは「教育委員会からの指示伝達事項」として扱われているため，「ほぼこういったことは組み入れてくださいという強制力がある」（B市教育委員会主任指導主事に対するインタビューより引用）。また，指導主事は学校訪問の際に「（授業スタンダードに準拠した授業実践が）どの程度進

んでいるのかを確認して」（B市教育委員会指導主事に対するインタビューより引用）いる。さらに、「最初はスタンダードを守ってもいいのかな」（B市教育委員会主任指導主事に対するインタビューより引用）というように、教師には授業スタンダードに準拠した授業実践がまずは求められている。

注目すべきは、B市の授業スタンダードがもたらした効果と課題についての説明である。

> <u>依然としてB市としてはなかなか家庭での自主的な学習の定着はやはり低いな</u>。授業改善はある一定進んできているのに、<u>全国学力・学習状況調査や都道府県のテストではなかなか伸びてこない</u>。授業改善というところでは、発表の機会や話合い活動などの定性的な部分の数値がすごく伸びてきているのは事実なんです。<u>なかなか点数的なところが伸びてこないっていうところの原因としては、定着の部分がやはりあるのかなと</u>。
> （B市教育委員会指導主事に対するインタビューより引用。下線は筆者による）

B市では、授業スタンダードに基づいて実践することで、子どもたちの学力を向上させることができると期待されていた。ところが、実際には、授業スタンダードに準拠した授業改善が進んできているにもかかわらず、学力調査の正答率はあまり改善しなかった。そこでB市では、家庭学習のリーフレットを作成し、「本来は家庭でやることなんですけれども、学校を通じて、こういったことをその都度」（B市教育委員会主任指導主事に対するインタビューより引用）周知している。つまり、学力向上施策の次の一手として、家庭教育が位置づけられているのである。

第4節　成果指標が設定されていない事例

次に、全国学力テストの結果に関する成果指標を設定していない事例として、D市を中心に取り上げる。D市の教育振興基本計画には、施策の内容ごとに成果指標が設けられているが、全国学力テストの結果に関するものはない。「確かな学力」に関連する成果指標には、「学校の勉強が楽しい」と回答する子どもの割合や問題解決的な授業の取り組み状況が設定されている[4]。また、D市は、全国学力テストの結果を分析し、課題がみられる問題に関する授業のア

イデア例を作成している。D市は，学習に対する子どもの認識や授業スタイルの改善を目指している一方で，全国学力テストの結果をあくまでD市の状況を分析するためのツールとして捉えている。

D市の授業スタンダードは，全国学力テストの結果改善を意識して作成されたものではない。指導課主幹によれば，全国的に注目されている「授業のユニバーサルデザイン」を背景に，D市では2013年から指導課の特別支援担当の職員が「特別支援教育の視点から発信して，どの子もわかる」（D市教育委員会主任指導主事に対するインタビューより引用）というパンフレットを全8回作成し，2015年に冊子にまとめた。子どもの姿勢や情報の視覚化などのテーマが毎回設定され，子どものつまずきやそれを乗り越えるための支援の方法が，D市内の小中学校の事例とともに取り上げられている。D市の授業スタンダードでは，子どもの理解を促すような指導方法，板書や掲示物のあり方，教師の立ち居振る舞いなどが紹介されている。その一方で，D市の授業スタンダードには「学力向上」という単語はみられないため，この授業スタンダードは学力向上のためのツールとしては位置づけられていないと考えられる。

D市はこの授業スタンダードをいかに活用しているのか。D市の授業スタンダードには，「できそうなところ，役に立ちそうなところから取り入れてみてください」と記されている。つまり，D市のスタンダードを一律に実施することをは求められておらず，教師が自分自身や学級の状況から判断し，必要な部分を取り入れることが期待されている。このことは，以下の回答からもわかる。

> 学校には配布しているけれども，これはマスト（must）ではない。やっぱり学校の独自性もありますし，教員の指導で言うと，本当に個々で違う。……それぞれのステージに応じた力っていうのが必要だと思うんですね。誰でもこの方法で出来ればみんなよい先生になれるんだけれども，そういかないところに難しさがあるわけですよね。ただ，この視点はもって行っています。学校訪問では，我々もこの視点について話すことは多いですね。
> 　　　　　（D市教育委員会主幹に対するインタビューより引用。下線は筆者による）

D市では，授業スタンダードの実施を義務づけるのではなく，教師が自身の

第2章　授業スタンダードの規範性　39

判断で取り入れると同時に，指導主事が学校訪問をする際の視点を得るものとして活用されている。この活用方法の根底には，学校ごとの独自性や教師の多様性，教師の成長の難しさに対する理解がある。その一方で，D市でも若手教師の増加が課題となっており，以下のとおりに若手教師の育成に取り組んでいる。

> 初任者研修では，市内の授業力のある先生に師範授業をしていただいています。その授業や指導案をたくさんある中の授業モデルの一つとして初任者が持ち帰って，自分に取り入れるということをしています。あと，市内の教職員に配られているD市の全国学力・学習状況調査の分析結果です。特に正答率が低かった問題について指導改善のアイデアを載せています。また，D市の子どもたちを想定して，指導の例を紹介しています。
> 　　　　　　（D市教育委員会指導主事に対するインタビューより引用。下線は筆者による）

> 教科指導では定例研で教員が自主的に研修をしている。
> 　　　　　　（D市教育委員会主幹に対するインタビューより引用。下線は筆者による）

　注目すべきは，ベテラン教師による師範授業や全国学力テストの結果に基づいた指導事例集は，あくまで一つの参考として教師に紹介されている点である。D市のこうした姿勢の背景には，教師の自主的な学びやこれまでの実践に対する信頼があると考えられる。また，D市の主幹は，教師による自主的な研修が教科指導の改善を図る場として機能していると認識している。これらと関連して，近年の学習指導要領に盛り込まれている「言語活動の充実」や「主体的・対話的で深い学び（アクティブ・ラーニング）」について，D市の主幹や指導主事は以下のように語った。

> 言語活動は新しいことではないと思います。学び合いの中で子どもたちが深めていくことはもともと学校教育の目標というか，そうじゃないと集団で学ぶ意味がないですよね。ずっと不易の部分で，教育委員会も指導してきたし，日本の教員自身が授業研究の中でやってきたものだと思います。
> 　　　　　　（D市教育委員会主幹に対するインタビューより引用。下線は筆者による）

> 小学校の指導では，日常的に言語活動やアクティブ・ラーニングのかたちを普段の中でやっているので，小学校の先生方からするとあまり新しいものではない。中学

校くらいになると教える量も多く，どうしても講義形式になってしまうので，子どもたちの活動を通して，知識を身につけ，活用していくというものにしていけたらということで指導しています。
　　　　　（D市教育委員会指導主事に対するインタビューより引用。下線は筆者による）

　主幹と指導主事の回答から，授業のあり方に関わる新たな指針が国から提示されたとしても，教師の実践や自己研鑽を信頼しながら，改善を必要とする部分については教育委員会として指導や助言をするというスタンスであることがわかる。
　また，D市の授業スタンダードがもたらした効果について，以下の回答を得られた。

すごく複合的というか複雑に組み合っているので，これだけではない。その時の状況で評価しますので。ただ，この要素を取り入れて，子どもたちがわかりやすかったとか，取り組みやすかったというのは見て分かることはありますので，協議会の時に，ご本人や参観した他の先生にこの形式を取り入れたことがよかったですよと振り返ることで，特に若年層の先生には気づいていただけるように指導しています。
　　　　　（D市教育委員会指導主事に対するインタビューより引用。下線は筆者による）

　D市の指導主事は，教育実践のもつ複雑さを認識しており，授業スタンダードの効果のみを取り出して把握することが困難であると考えていた。その一方で，授業スタンダードを参考にした授業によって子どもたちの学びが深まったと感じられた際には，事例に即しつつ，授業者や他の観察者に対して省察を促すような指導助言を心がけているとのことだった。
　また，全国学力テストの結果に関する成果指標がない事例として，E市を付け加える。E市は，学校の荒れや学力面での課題を背景に，2009年に「学び合う授業づくり」を内容とした授業スタンダードを作成した。「学び合う授業づくり」では，「めあての提示」「学習の流れの提示」「ペア・グループ活動」「全体学習」「個々の学びに着目した振り返り」が重要なポイントとされている。授業スタンダードの内容として授業の構造化が含まれている点ではA市やB市と同様であるが，授業ごとの学力の定着が図られているわけではなく，子ども

が次の学習につなげるために，また教師は個々の子どもへの今後の支援に役立てるために振り返りを行うこととされている。E市では，初任者への配布や授業スタンダードを用いた指導案の紹介によって，授業スタンダードが活用されている。ただし，「そういう風に落とし込んでやってみてはどうですかと。強制ではないんです」（E市教育委員会課長に対するインタビューより引用）というように活用されている。

　ここでは，E市の授業スタンダードがもたらした効果と課題についての回答に注目する。

効果の前にまず課題が明らかになった。少しミスリードがあったのですが，<u>はじめはどうしても型ばっかりでしたね</u>。4人組を組めばいい，グループをやればいいみたいな。授業が細切れになってしまいますので，<u>大きな反省</u>ですね。話し合っても何を話し合っていいのかわからないし，深まりもない。成果としては，<u>全員が良くなるということは，ひいては個を強くすることなんだよ</u>ってメッセージを2年くらい前から強く発信したんです。一人ひとりが強くならないということで，学力の向上にはつながってきてますね。

　　　　　（E市教育委員会課長に対するインタビューより引用。下線は筆者による）

　上記の語りが示すように，E市は授業スタンダードを強制していないにもかかわらず，導入当初は教師が授業スタンダードの示す型にはまった実践に陥った。そこで，E市は，子ども個人の成長に着目することを促すことによって課題を克服しようとした。E市の教育振興基本計画にも，「スタイルのみにとらわれるのではなく，子ども一人ひとりの育ちに着目」することが重要であると明記されている。

　さらに，上記の課題を踏まえて，主体的・対話的で深い学び（アクティブ・ラーニング）の導入について，課長は次のように語った。

うちとしてはありがたかったですね。アクティブ・ラーニングの視点。最初は「アクティブ・ラーニング」で，あとから<u>「視点」が入ったことがよかった。一つの型じゃないので，こういう次元っていうね。</u>

　　　　　（E市教育委員会課長に対するインタビューより引用。下線は筆者による）

　2015年8月の「教育課程企画特別部会における論点整理について（報告）」

を境目に,「アクティブ・ラーニング」から「アクティブ・ラーニングの視点」という表記に変わったことで,アクティブ・ラーニングの意味が「学習の方法」から「学習の視点」に変容したことが指摘されている（高山, 2017）。E市は,こうしたアクティブ・ラーニングをめぐる意味合いの変化を肯定的に捉えている。つまり,E市では,授業方法の型が求められるのではなく,こうした方法を参考にしつつ教師が創意工夫して実践することの重要性が理解されている。

第5節　本章のまとめ

本章の目的は,市区町村の事例から,授業スタンダードの規範性とその規定要因に関する仮説を生成することであった。本章の分析を通して,これらに関する知見が得られたとともに,志向する教師像や指導主事の役割が自治体によって異なっていることも確認された。

（1）授業スタンダードの規範性とその規定要因

本章の分析によって,市区町村の授業スタンダードには,規範性の強いものと弱いものがあることが示された。A市・B市・C市は,授業スタンダードに強い規範性をもたせて学校や教師に普及させていた。その一方で,D市・E市・F市は,あくまで指導主事による学校訪問や教師の授業づくりにおける参考資料として授業スタンダードを活用していた。つまり,授業スタンダードには,学校や教師が準拠すべきものとして位置づけられているものと,あくまで一つの参考として紹介されているものが確認された。

こうした授業スタンダードの規範性を規定する要因について,本章では子どもの学力に関するものに着目して事例を検討した。とはいえ,図表2-1に整理したように,全国学力テストの結果はさまざまであるため,子どもの学力状況と授業スタンダードの規範性との間に関連があるようにはみえない。本章の分析では,規範性の強い授業スタンダードは,自治体の成果目標を達成するための学力向上施策として位置づけられていることが示された。その一方で,規範性の弱い授業スタンダードを作成している自治体は,全国学力テストの結果に

関わる成果指標を設定していないため，成果指標を達成するためのツールとして授業スタンダードを位置づけていなかった。したがって，授業スタンダードの規範性の強弱には，全国学力テストの結果に関わる成果指標の設定状況が関わっている可能性がある。

（2）自治体の志向する教師像

また，本章で検討した事例では，志向する教師像にも違いがみられた。

授業スタンダードに強い規範性をもたせている自治体では，授業づくりにおける教師の裁量は，少なくとも最初は授業スタンダードの枠内で認められている。そして，全国学力テストの結果改善の達成のために，特定の授業方法が技術的に合理的なものと見なされ，教師はその方法に準拠して授業を実践する「技術的熟達者」[5]（Schön, 1983）になることが要求されている。授業スタンダードに基づく授業づくりを会得するための学習を繰り返すが，こうした学習は繰り返すたびに既存の枠組が固定化・強化されていく「シングルループ学習」[6]（Argyris & Schön, 1978）に位置づけられる。そのため，特定の授業方法を忠実に実践することが目的化することで，何のためにその授業方法で実践するのかがわからなくなる教師の存在が危惧されている。したがって，特定の授業技術を磨くことに注力する「定型的熟達者」（波多野・稲垣, 1983）の位置づけが強化されることで，状況に応じて手続的知識を柔軟に組み替え，拡張し，新たな手続きを発明する「適応的熟達者」（波多野・稲垣, 1983）への移行が困難になりうる。

その一方で，弱い規範性の授業スタンダードを活用している自治体では，教師は授業づくりにおいてより広い裁量が認められている。その背景には，教育委員会が教育実践の複雑性を理解し，教師の自主的・自律的な学びや授業経験を通した学習を重視していることがあると思われる。さらに，授業スタンダードを活用する際には，子ども一人ひとりの学びの過程をみとりながら授業を行うことを求めている。このことは，必要に応じて，また授業する教室の文脈に合わせて，教師がその内容を解釈しながら実践することが推奨されていると受け取れる。また，授業スタンダードの内容を取り入れてよい授業が行われた

時，指導主事は教師がある文脈における教育実践の有効性に気づくように促している。こうした指導助言によって，教師が既存の枠組を問い直しながら授業実践から学ぶこと，すなわち教師が「ダブルループ学習」を通じて「反省的実践家」として成長することが期待されている。

（3）指導主事の役割

さらに，授業スタンダードの分類によって，指導主事の役割が異なっている可能性が示された。

規範性の強い授業スタンダードを活用している自治体の指導主事は，学校訪問で授業スタンダードの定着状況を確認している。しかし，こうした指導はともすれば実際の教室の文脈から乖離し，教師の実践も子どもの実態からかけ離れたものになり得る。さらに，授業スタンダードに準拠した授業改善が学力向上に結びつかなかった場合でも，教育委員会は，教育実践の複雑さを可能な限り単純化・一般化する見方を変えることなく，家庭にもそうした教育を要請し得ることが明らかになった。

一方で，参考として授業スタンダードを活用する自治体の指導主事は，授業実践に基づく指導助言によって若手教師の「気づき」を促したり，自主的に授業スタンダードに準拠する教師に個々の子どもをみとりながら授業をするように指導したりしている。前者は，教師が指導主事の指導助言を「再文脈化」[7]することで，教師自身の見方が精緻化されたり指導主事の見方を理解し取り入れたりすることを促すものである（秋田・ルイス，2008）。また，後者は，自主的に「定型的熟達者」化していた教師に「適応的熟達者」となることを促すものである。

なお，先行研究では授業スタンダードのリスクがどの程度認識されているかが重要であると指摘されているが（青木，2018），授業スタンダードに強い規範性をもたせている自治体の指導主事がそのリスクを全く認識していないわけではない。A市の指導主事は，授業づくりの目的がわからなくなる教師の増加に危機を感じ，学校訪問で教師に改善を求めている。しかし同時に，授業スタンダードに準拠した実践状況も確認している。つまり，文脈に応じた授業づくり

を促す一方で，自治体施策に準拠した授業づくりを求めるという，相反する役割を担っている。しかしながら，A市の事例からは，授業スタンダードに準拠することを求めると，文脈に応じた授業づくりの大切さがうまく教師たちに伝わらなくなる可能性が示唆される。

その一方で，「参考として」授業スタンダードを活用する自治体は，授業スタンダードを作成しながらも，そのリスクを可能な限り回避するために強い規範性をもたせていない。さらに，指導主事は，その時々の文脈に基づいて実践するように教師に促している。そして，こうした指導主事の支援のあり方によって，教育実践の画一化を防ぎ得ることが本章の事例からうかがえた。

しかしながら，E市の事例で確認されたように，授業スタンダードの規範性が弱いものであったとしても，教師が授業スタンダードにのめり込むこともあり得る。すなわち，教師の見方が授業スタンダードのみに狭められないように作成者が配慮したとしても，授業スタンダードに自ら魅せられる教師もいるということである。そのため，教師は授業スタンダードをどのように受けとめているのか，また受けとめ方を規定する要因は何かを明らかにする必要がある。この点については，第4章で市区町村の授業スタンダード，第6章で学校の授業スタンダードに着目して分析する。

次章では，市区町村における授業スタンダードの作成状況を量的に検討する。

注

1) 多くの都道府県教育委員会は出先機関として教育事務所を設置しており，指導主事が配置されていない市区町村の学校を補完的に支援している。ただし，「教育委員会の現状に関する調査（令和2年度間）」（https://www.mext.go.jp/content/20220822-mxt_syoto01-000024607_1.pdf：最終閲覧日2023年3月3日）によれば，自治体規模によって配置状況が異なるものの，全体としては73.7%の市区町村教育委員会で指導主事が配置されている。
2) 本章の調査でも，授業スタンダードの内容に子どもの学習規律も含めて検討していたが，本章の分析で収集できたものはすべて授業展開や指導方法に関するものであった。
3) 作成の際は，A市が位置する都道府県が作成したものも参照された。
4) なお，E市では子どもの生活習慣に関する成果指標の実践状況が定められているが，家庭学習の手引きは作成されていない。
5) 「技術的熟達者」は，科学的に確立された知識や技術を実践にそのまま適用しようとする専門職像である。その一方で，「反省的実践家」は，複雑で不確実な状況の中で即興的に判断したり，自らの実践を振り返りながら取り組んだりしようとする専門職像である（Schōn, 1983）。

6）「シングルループ学習」は「ダブル・ループ学習」の対概念であり，もともとは組織学習の分野で議論されたものである。「シングル・ループ学習」は，組織の認識枠組を所与のものとみなし，手段のみを改善しようとする，自己防衛的な学習である。これに対して，「ダブル・ループ学習」では，既存の認識枠組まで立ち戻って疑い，修正しようとする学習である（Argyris & Schön, 1978）。
7）秋田とルイス（2008）は，Little（2003）の「脱文脈化（decontextualizing）」と「再文脈化（recontextualizing）」の概念を援用して教師の学習を説明する。教師たちが授業実践を言葉で表現する際，語り手は背景や状況など授業のすべてを言語化できないため，語り手が語る授業実践は，聞き手にとって重要な情報が部分的に満たされない「脱文脈化」されたものである。そこで聞き手には，自身の経験や知識，事実関係の情報に基づき語り手の情報を推論し，再構築する「再文脈化」が求められる。

第3章　市区町村における授業スタンダードの作成状況

第1節　本章の目的

　本章の目的は，どのくらいの市区町村で授業スタンダードが作成されているのか，作成している市区町村にはどのような特徴がみられるのか，市区町村の授業スタンダードには内容や規範性の面でどのような種類がみられるのか，またそれらを規定する要因は何かを明らかにすることである。

　先行研究では，授業スタンダードを作成している自治体の数や特徴は明らかにされていない。作成自治体の特徴については，第1章における都道府県を対象にした検討において，全国学力テストの結果に関わる成果指標を設定している自治体ほど，授業スタンダードを作成しやすいことが明らかになった。そのため，市区町村でも同様の傾向がみられるのかについて検討する必要がある。ただし，授業スタンダードの作成との関連があり得るものは，成果指標の設定状況に限られない。例えば，全国学力テストの成績が高い自治体は卓越性を維持しようとして，あるいは成績が低い自治体はそれを改善しようとして，授業スタンダードを作成する可能性がある[1]。さらに，自治体規模が大きい場合には，効率的に教師の授業づくりを支えるために，授業スタンダードを作成することが予想される。加えて，授業スタンダードを作成するための人的リソースである指導主事が確保されている自治体ほど，作成されている可能性もある。

　また，授業スタンダードの内容については，概略的なものと詳細なものがあることが指摘されている（内山，2018）。しかしながら，内容の分類についての仮説検証や内容の違いに影響する要因は十分に検討されていない。例えば，自治体規模が大きい場合に多様な学校や教師を効率的に指導すべく，授業スタンダードに具体的な内容を盛り込んでいる可能性がある。ただし，指導主事数が

49

多い場合には，学校に対する巡回指導などを通じて教師の授業づくりを直接的に指導できるため，授業スタンダードに具体的な内容を盛り込まずとも，教師の授業づくりをサポートできる可能性がある。また，学力向上を動機に授業スタンダードを作成している自治体では，学力向上に有効な手段を具体的に示すことによって，児童生徒の学力向上を目指すことも予想される。加えて，若手教師が増加している自治体では，経験の浅い教師の手助けとして，より具体的な内容を盛り込むことも考えられる。

　さらに，授業スタンダードの規範性については，第2章の知見を踏まえると，学力向上を同機として授業スタンダードを作成している自治体ほど，授業スタンダードに強い規範性をもたせている可能性がある。そのほかにも，自治体規模が大きい場合には効率性を重視して，教師に授業スタンダードに準拠した授業づくりを求めていることが予想される。また，指導主事など人的リソースを活用して授業スタンダードを徹底させることや，若手教師の育成のために授業スタンダードに準拠させたりすることが考えられる。

　以上を踏まえて，本章は，①授業スタンダードの作成有無と全国学力テストの結果に関わる成果指標の設定有無・自治体規模・指導主事数との関連，②授業スタンダードの内容と学力向上や若手教師増加への対応・自治体規模・指導主事数との関連，③授業スタンダードの規範性の強弱と学力向上や若手教師増加への対応・自治体規模・指導主事数との関連を検討する。

第2節　本章の方法

（1）調査の概要

　本章の分析で使用するデータは，2018年10月から12月にかけて実施した質問紙調査によって得られたものである。この調査では，市と特別区は全数（814自治体）[2]，町村は無作為抽出の約半数（461自治体）を対象とし，義務教育に関する教育課程担当者に回答を求めた。その結果，特別区1件，政令市2件，中核市22件，その他の市175件，町村139件の合計339件の回答が得られた。

（２）調査項目と変数設定

授業スタンダードの作成有無：自治体独自（教育委員会・教育センターなど）の授業スタンダードを作成しているかを尋ねた。

授業スタンダードの作成動機：序章で整理した授業スタンダードの作成背景を踏まえて，「全国学力・学習状況調査の結果改善（以下，「学力向上動機」）」，「若手教員の増加への対応（以下，「若手増加動機」）」を設定した。

授業スタンダードの内容：第１章の考察を参考に，「授業進行（めあての提示，振り返りの時間の設置）」「ノートの取り方指導」「板書計画」「発問の仕方」「子どものわかる・できるを目指した授業づくり」の項目を作成し，複数選択で回答を求めた。

授業スタンダードの規範性：第２章の知見から，「授業スタンダードに準拠した授業づくりを教師に求めている」「授業づくりの際に必要に応じて参考にすることを教師に求めている」の項目を作成し，規範性の強弱を定めていない場合を考慮して「活用方法は特に定めていない」という項目も設けた。授業スタンダードに準拠した授業づくりを求めているとの回答を「規範性強」，それ以外の回答を「規範性弱」として分類した。

学校数：自治体規模として，公立の義務教育段階学校数を尋ねた[3]。

指導主事数：自治体の教育リソースとして，指導主事数を尋ねた。

自治体の学力テスト成績：2018年度全国学力テストの平均正答率を尋ねた。複数の自治体に対する事前ヒアリングから，平均正答率の回答を躊躇する可能性が懸念されたため，小中別・教科別に全国平均から２ポイント以内・以上・以下のいずれかを尋ねた[4]。各自治体の学力テスト成績の特徴を捉えるために，成績の各項目に対してユークリッド距離を用いたクラスター分析（Ward法）を行った。デンドログラムとクラスターの解釈可能性から，３クラスターに分けることが妥当と考えられた（図表3-1）。

成果指標の設定有無：全国学力テストの結果に関わる成果指標を設定しているかどうかを尋ねた。

学力成績クラスター以外の変数の記述統計量（図表3-2）と度数（図表

図表3-1　学力テスト成績のクラスター分類

	クラスター名	自治体数	特徴
a	学力中位・変動群	142	ほとんどの教科で全国平均から2ポイント以内 学校段階や教科によって多くの項目に変動がある
b	学力低位群	57	ほとんどの教科で全国平均を2ポイント以上下回る
c	学力高位群	50	ほとんどの教科で全国平均を2ポイント以上上回る

図表3-2　本研究で使用する量的変数の記述統計量

	M	SD	Min	Max
学校数	17.99	20.48	1	134
指導主事数	5.17	8.64	0	67

図表3-3　本研究で使用する質的変数の度数

作成有無	作成115件 (33.9)	未作成221件 (65.2)	無回答3件 (0.9)	合計339件 (100.0)
成果指標設定	設定120件 (35.4)	未設定206件 (60.8)	無回答13件 (3.8)	合計339件 (100.0)
規範性	［規範性強］ 準拠55件 (47.8)	［規範性弱］ 参考53件 (46.1) 未設定3件 (2.6)	無回答4件 (3.5)	合計115件 (100.0)
作成動機				
学力向上動機	該当80件 (69.6)	非該当30件 (26.1)	無回答5件 (4.4)	合計115件 (100.0)
若手増加動機	該当67件 (58.3)	非該当43件 (37.4)	無回答5件 (4.4)	合計115件 (100.0)
内容				
授業進行	該当109件 (94.8)	非該当6件 (5.2)	無回答0件 (0.0)	合計115件 (100.0)
ノート指導	該当33件 (28.7)	非該当82件 (71.3)	無回答0件 (0.0)	合計115件 (100.0)
板書計画	該当39件 (33.9)	非該当76件 (66.1)	無回答0件 (0.0)	合計115件 (100.0)
発問の仕方	該当50件 (43.5)	非該当65件 (56.5)	無回答0件 (0.0)	合計115件 (100.0)
わかる・できる	該当85件 (73.9)	非該当30件 (26.1)	無回答0件 (0.0)	合計115件 (100.0)

1)「準拠」=「授業スタンダードに準拠した授業づくりを教師に求めている」
　「参考」=「授業づくりの際に必要に応じて参考にすることを教師に求めている」
　「未設定」=「活用方法は特に定めていない」
(比率％)

3-3）を示す。

第3節　市区町村における作成状況

　授業スタンダードの作成有無について336件の回答が得られ，作成自治体は115件（34.2％）であった。授業スタンダードの作成は2008年度頃から増え始め，2015年度以降に急増している（図表3-4）。こうした傾向は，第1章で示した都道府県の作成状況と類似している。

　次に，授業スタンダードを作成している自治体の特徴を明らかにするために，授業スタンダードの作成有無を目的変数，学校数・指導主事数・学力成績クラスター・成果指標の設定有無を説明変数とするロジスティック回帰分析を

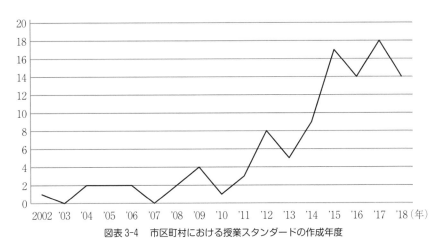

図表3-4　市区町村における授業スタンダードの作成年度

図表3-5　授業スタンダードの作成に対する各変数の影響

	推定値	SE	OR	95％CI
学校数	0.01	0.01	1.01	[0.99, 1.03]
指導主事数	0.04	0.02	1.04	[0.99, 1.09]
学力低位群[1]	−0.13	0.35	0.87	[0.44, 1.72]
学力高位群[1]	−0.09	0.36	0.91	[0.44, 1.83]
成果指標の設定	0.83	0.28	2.29**	[1.32, 4.03]

** $p<.01$

1 ）学力中位・変動群と比べた結果を示す。なお，学力高位群と比べた学力低位群の結果は以下であった（推定値＝−0.04，SE＝0.43，OR＝0.96，$n.s.$，95％CI＝[0.41, 2.24]）。

行った（図表3-5）。その結果，成果指標の設定が授業スタンダードの作成に影響している一方で，その他の変数による有意な影響はみられなかった[5]。

第4節　内容の分類と規定要因

（1）内容の傾向と分類

　授業スタンダードの内容については，「授業進行」「ノートの取り方指導」「板書計画」「発問の仕方」「子どものわかる・できるを目指した授業づくり」の項目を用いて，ユークリッド距離によるクラスター分析（Ward法）を行い，授業スタンダードの内容傾向に基づく分類を試みた。デンドログラムならびにクラスターの解釈可能性から，2クラスターの分類が妥当と考えられた（図表3-7）。「授業進行」と「子どものわかる・できるを目指した授業づくり」は授業づくりの大枠や概念として理解できるため，抽象的な内容であると言える。それに対して，「ノートの取り方指導」「板書計画」「発問の仕方」は授業における教師や子どもの行動を詳細に規定するものであり，より具体的な内容と考えられる。そこで，授業づくりの大枠や概念に加えて詳細な内容を複数含んでいるものを「具体型」，具体的な内容をそれほど含まず授業づくりの大枠や概念が主な内容であるものを「抽象型」として位置づけた。この分類は先行研究の指摘と整合しており，その割合は概ね二分していることが示された。

図表3-7　授業スタンダードの内容についてのクラスター分類

クラスター名		自治体数	特徴
a	具体型	64	概ね「授業進行」「子どものわかる・できるを目指した授業づくり」が含まれており，なおかつ「ノートの取り方指導」「板書計画」「発問の仕方」が複数含まれる
b	抽象型	51	概ね「授業進行」「子どものわかる・できるを目指した授業づくり」が含まれるが，「ノートの取り方指導」「板書計画」「発問の仕方」についてはいずれか一つが含まれるにとどまるか全く含まれない

（2）内容分類の規定要因

　この内容分類がいかなる要因によって規定されるのかを明らかにするために，授業スタンダードの内容分類（0＝抽象型，1＝具体型）を目的変数，学校

数・指導主事数・2つの作成動機を説明変数とするロジスティック回帰分析を行った（図表3-8）。その結果，学力向上動機をもつ自治体や若手増加動機をもつ自治体では，より具体的な内容を含む授業スタンダードを作成していることが明らかになった。一方で，学校数や指導主事数による有意な影響はみられなかった。

図表3-8　授業スタンダードの内容に各変数が及ぼす影響

	推定値	SE	OR	95%CI
学校数	−0.01	0.01	0.99	[0.96, 1.02]
指導主事数	−0.01	0.03	0.99	[0.94, 1.05]
学力向上動機	0.94	0.46	2.57*	[1.05, 6.52]
若手増加動機	1.03	0.44	2.81*	[1.19, 6.88]

*$p<.05$
1）抽象型に比べて具体型が生じる確率を示す。

第5節　規範性の規定要因および内容との関連

（1）規範性の規定要因

　授業スタンダードの規範性の強弱を規定する要因を明らかにするために，授業スタンダードの規範性を目的変数，学力向上動機・若手増加動機・学校数・指導主事数を説明変数とするロジスティック回帰分析を行った。その結果，学力向上動機をもつ自治体では強い規範性をもたせやすいことが示された一方で，学校数・指導主事数・若手増加動機による有意な影響はみられなかった（図表3-9）。したがって，授業スタンダードに強い規範性をもたせる要因には，全国学力テストの結果改善という自治体のねらいがあると考えられる。

図表3-9　授業スタンダードの規範性に各変数が及ぼす影響

	推定値	SE	OR	95%CI
学校数	−0.01	0.01	0.99	[0.97, 1.02]
指導主事数	−0.01	0.03	0.99	[0.93, 1.05]
学力向上動機	1.12	0.47	3.07*	[1.25, 8.02]
若手増加動機	0.13	0.43	1.14	[0.49, 2.69]

*$p<.05$

（2）規範性と内容の関連

これまでの分析により，規範性と内容のいずれに対しても学力向上動機が影響を及ぼしていることが示された。仮に詳細な内容を含む授業スタンダードが強い規範性をもつならば，授業実践はさらに強く規定される。ただし先の分析では，学力向上動機をもつ自治体が強い規範性と具体的な内容の双方をもたせているかはわからない。そこで，学力向上動機の有無によって授業スタンダードの規範性と内容の関連が異なるかを明らかにするために，学力向上動機の有無・授業スタンダードの規範性・内容の3次元クロス表を作成した（図表3-10）。

マンテル・ヘンツェル検定の結果，学力向上動機の有無にかかわらず，授業スタンダードの規範性と内容には有意な関連がなかった（$\chi^2=1.64$，共通オッズ比$=0.52$, $n.s.$, 95%CI$=[0.22, 1.24]$）。このことから，学力向上を作成動機とする自治体は，授業スタンダードに規範性と具体的な内容の両方をもたせている場合もあれば，いずれか一方のみをもたせている場合もあると考えられる[6]。

図表3-10 学力向上動機の有無・授業スタンダードの規範性・内容別にみた自治体数

		規範性弱	規範性強	合計
学力向上動機なし	抽象型	11 (64.7)	6 (35.3)	17 (100.0)
	具体型	10 (76.9)	3 (23.1)	13 (100.0)
	合計	21 (70.0)	9 (30.0)	30 (100.0)
学力向上動機あり	抽象型	15 (50.0)	15 (50.0)	30 (100.0)
	具体型	18 (37.5)	30 (63.5)	48 (100.0)
	合計	33 (42.3)	45 (57.7)	78 (100.0)

（比率%）

第6節 本章のまとめ

本章は，市区町村で作成されている授業スタンダードの作成状況および授業スタンダードの内容や規範性の強弱に着目して，その実態と規定要因を検討した。本章の分析によって明らかになったことを整理して考察する。

まず，本調査で得られた回答のうち授業スタンダードを作成している市区町村は3割以上あること，市区町村における授業スタンダードの作成は2008年度から増え始めて2015年度から急増していることが示された。この結果から，都道府県と同様に，市区町村でも授業実践に関するスタンダードの策定が急速に進行していると考えられる。

　授業スタンダードの作成要因については，全国学力テストに関わる成果指標の設定との間には有意な関連がみられたため，市区町村の学力向上に対する課題意識が授業スタンダードの作成に影響していると考えられる。また，統計的な分析を経てはいないものの，質問紙調査の結果から，若手教師の増加への対応も授業スタンダードを作成する要因である可能性が高い。

　さらに，市区町村の授業スタンダードには，授業のあり方を具体的に示すものと概略のみを示すものがあることや，規範性の強弱があることが示された。これらの特徴を規定する要因については，以下の知見が示された。一つ目に，学力向上を動機に授業スタンダードを作成している場合には，授業スタンダードに具体的な内容や強い規範性をもたせやすいことが明らかになった。この結果から，学力向上を目指す自治体では，その目的を達成するために，学力向上に有効と考えられる指導方法を教師に具体的に示したり，授業スタンダードに準拠した指導を教師に求めたりしていると思われる。二つ目に，若手教師の増加を動機に授業スタンダードを作成している場合には，授業スタンダードにより具体的な内容を示していることが明らかになった。そのため，若手教師の増加に対応しようとしている自治体では，教育経験の浅い教師に対して具体的な指導方法を示して授業力を育てようとしているのではないかと推察される。これらの結果から，何のために授業スタンダードを作成しているのかによって，市区町村における授業スタンダードの様相は異なっていると考えられる。

　これまで授業スタンダードは一括りに捉えられ，その実態や関連要因の検討が十分になされないまま，これを擁護するか批判するかの対立に終始してきたように見受けられる。しかし，本章の知見から，学力向上と若手教師の育成というそれぞれの要因が市区町村の授業スタンダードのあり方に影響を及ぼして

いることが示された。

最後に，本章の分析における限界を述べる。特別区・政令市・町村の回答が母集団から推計する理想値よりも少なかったため，標本の分布も考慮しながら本章で示された知見を追証する必要があるだろう。次章では，市区町村で作成されている授業スタンダードが教師にどのように受けとめられているのかを検討する。

注
1) 若手教師の増加も作成の背景として指摘されているが（内山，2018; 勝野，2016），複数の市区町村教育委員会関係者に教職年数別の教師の人数を把握しているかどうかを確認したところ，具体的な値を答えることは難しいとの回答が得られたため，若手教師の増加を操作化しにくいことが予想された。自治体担当者に若手教師の増加を尋ねても回答者の主観が介在しうるため，本章では若手教師の増加を変数として含めなかった。また，学力に関わる変数として全国学力テストの市区町村全体の成績もあり得るが，学力テスト成績と授業スタンダード作成の関連を明らかにするためには，授業スタンダードの作成前後の学力テスト成績を尋ねる必要がある。しかし，授業スタンダードの作成年度が自治体ごとに異なっていることや，学力テスト成績による影響が現れる時期が不確かなことを考慮し，本研究では学力テスト成績を変数に含めなかった。
2) 2018年10月1日に誕生した福岡県那珂川市を除く。
3) 自治体規模を表す変数に人口もあるが，学校数と人口には非常に強い相関があり代替できる（r=.94）。また人口の少ない自治体でも，面積が狭い場合は学校を統廃合しやすいが，広い場合は通学面から統廃合しにくい。本章の目的に鑑み，学校教育の自治体状況を表す変数に学校数がより適すると考えた。
4) 2ポイントとした理由は，そのポイント差をもって全国平均以上／以下を判断している自治体が複数みられたからである。例えば，鳥取県日野市（https://www.town.hino.tottori.jp/2962.htm：最終閲覧日2023年2月25日）があげられる。
5) ただし，この分析は，全国学力テストの結果が2018年度のものである一方で，授業スタンダードの作成は2018年以前であるため，因果関係の向きを解釈することが難しいという限界がある。このことから，独立変数から全国学力テストの結果を除いた分析も試みた（図表3-6）。その結果，図表3-5の分析と同様に，全国学力テストの結果に関わる成果指標の設定有無のみが授業スタンダードの作成と関連していることが確認された。

図表3-6　授業スタンダードの作成に対する各変数の影響

	推定値	SE	OR	95%CI
学校数	0.02	0.01	1.02	[1.00, 1.03]
指導主事数	0.03	0.02	1.03	[0.99, 1.08]
成果指標の設定	0.79	0.25	2.21**	[1.36, 3.59]

**p<.01

6) 授業スタンダードの規範性と内容の2次元クロス表についてもイェーツの補正を施したカイ二乗検定を行ったが，有意な関連は認められなかった（χ^2=0.60, df=1, $n.s.$, Phi=0.08）。具体的な内容を含む授業スタンダードは強い規範性をもたなくとも授業実践を規定し得るが，自治体施策としては授業スタンダードの規範性と内容は結びつけられているとは言えないとの結果が得られた。

第4章　教師が市区町村の授業スタンダードを受容する程度とその要因

第1節　本章の目的

　本章の目的は，市区町村の授業スタンダードは教師にどのくらい受容されているのか，その程度に影響している要因は何かを明らかにすることである。

　序章で述べたように，先行研究では授業スタンダードの是非が議論されており，多くの研究は授業スタンダードによって授業実践が画一化することを危惧している（勝野, 2016; 子安, 2021; 仲田, 2018; 福田, 2017）。その一方で，教師が授業スタンダードを「やり過ごす」可能性も示唆されており（勝野, 2016），教師の受け入れ方は一様ではないことが予想される。しかしながら，教師が授業スタンダードをどのように受けとめているのかは十分に検討されていない。

　教師が授業スタンダードを受け入れる程度に違いがあるならば，その要因は何か。先行研究では，若手教師（内山, 2018）や自身の授業力量を高めたいと願う教師（坂田, 2018）ほど，授業スタンダードを受け入れる可能性が高いと指摘されている。また，授業スタンダードは子どもの学力向上を目的に作成されていることを踏まえると（内山, 2018; 勝野, 2016），子どもの学力向上に熱意をもっている教師ほど授業スタンダードを受容することが予想される。さらに，組織目標を所与のものとして疑わない教師は授業スタンダードを受容しやすいのではないかと言われており（勝野, 2016），その反対に自律的に授業づくりを学び実践しようとする教師は，他律的に授業づくりを求める授業スタンダードを受容しにくいのではないか。このように，教職年数や授業づくりへの向き合い方といった教師個人の要因によって，授業スタンダードを受け入れる程度が異なると考えられる。

　ただし，教師個人の要因だけでなく，教師が属する集団の要因も検討する必

59

要がある。先行研究では，教師の授業力量を高めることに貢献する機会として，学校における授業研究の重要性が指摘されている（e.g. 秋田, 2017; 坂本, 2013）。しかし，授業研究が市区町村の授業スタンダードを普及させる場として機能しているのか，あるいは授業スタンダードに対する防波堤として機能しているのかはわからない。また，授業スタンダードの作成背景に学力向上期待があることや，校長や校内研究担当者がトップダウン的に授業スタンダードを教師に普及させようとしている事例があること（内山, 2018; 勝野, 2016），中学校で授業スタンダードによる影響が大きいとの事例が報告されていること（内山, 2018）から，学校としての全国学力テストの成績や校長・校内研究担当者のリーダーシップスタイル，学校種も教師の授業スタンダードの捉え方に影響すると予想される。

　さらに，市区町村教育委員会が授業スタンダードを作成していることに鑑みると，自治体レベルの要因も考慮する必要がある。第3章で示されたように，授業スタンダードに含まれる内容やそれをどの程度教師に準拠するよう求めるのかは，自治体によって異なっている。例えば，授業スタンダードに準拠した授業づくりを自治体が教師に求めている場合，教師は授業スタンダードを受容せざるを得ない可能性がある。加えて，授業スタンダードの背景に学力向上期待があることを考慮すると，自治体全体としての全国学力テストの成績が低い場合や，全国学力テストの成績に関わる成果指標を設定している場合に，その自治体に所属する教師が授業スタンダードを積極的に活用している可能性がある。

　以上のように，教師が授業スタンダードを受け入れる程度には，教師個人の要因のみならず，教師が所属している学校や自治体の要因が関与している可能性がある。そこで，本章は，教師が授業スタンダードを受容する程度に対して，教師要因，学校要因，自治体要因が及ぼす影響を検討する。

第2節　本章の方法

（1）調査の概要

　本章の分析で用いるデータは，全国の市区町村教育委員会およびそれらが所管する小中学校で勤務する教師に対する質問紙調査で得られたものである。自治体調査のデータは第3章でも使用したものである。改めて確認すると，授業スタンダードの作成有無について336件の回答が得られ，独自に作成している自治体は115件であった。

　この115自治体に対して，1自治体あたり小中学校を原則3校ずつランダムに選定し，調査概要を説明した上で学校調査を実施する旨を自治体に伝えた。53自治体から理解が得られたため，2019年11月から2020年1月にかけて合計274校に質問紙を郵送するとともに，電話で協力を依頼した。各学校には学校長用1部・校内研究担当者用1部・一般教諭用8部を送付し，一般教諭については特定の年齢層に回答が偏ることを防ぐために20代・30代・40代・50代から2名ずつ回答を依頼した。

（2）調査項目と変数設定

■ 教師レベル変数

　授業スタンダードの受容度：市区町村作成の授業スタンダードは教師の授業づくりに関わろうとする自治体の教育政策であり，「教育政策とは権力に支持された教育理念」（宗像，1954，p.1）であるとの定義に基づくならば，授業スタンダードは授業づくりのあり方についての自治体の教育理念であると言える。そのため，教師個人が授業スタンダードを受容することは，授業づくりに関する自治体の理念が教師個人に浸透することであると捉えられる。そこで，廣川ほか（2015）の「経営理念浸透尺度」を参考に，授業スタンダードの受容度尺度を作成し，各自治体の授業スタンダードの名称を挿入して5件法で回答を求めた（22項目）。

　授業スタンダードの受容度がどのような概念で構成されているのかを確認するため，天井効果がみられた1項目を除き，探索的因子分析（最尤法，プロマックス回転）を行った（図表4-1）。固有値の推移は，12.96，1.21，0.90，0.79で

図表4-1　授業スタンダードの受容度尺度の探索的因子分析結果および記述統計量

		M	SD	因子負荷量	
				F1	F2
F1	授業スタンダードの認知・実践（$a=.95$）				
7.	授業スタンダードが学校の中でどのように示されているか知っている	3.63	1.09	.95	-.14
2.	授業スタンダードの内容を覚えている	3.50	1.09	.94	-.12
8.	授業スタンダードの内容を理解している	3.65	1.02	.89	.00
4.	授業スタンダードの成り立ちを知っている	2.81	1.16	.76	-.09
9.	自分や他の教師が授業スタンダードに基づく授業をするために必要な提案を行っている	3.12	1.08	.69	.05
20.	自分の立場で何をすることが授業スタンダードの実現につながるのか理解している	3.12	1.08	.53	.32
5.	授業スタンダードは，授業をする際の前提となるものと認識している	3.82	0.98	.51	.34
18.	授業スタンダードと自分の目標とのつながりを理解して，授業をしている	3.82	0.98	.50	.36
10.	授業スタンダードを他の教師と共有しようと思う	3.44	1.00	.47	.37
13.	授業スタンダードを体現できていると思う	3.24	0.89	.44	.39
19.	迷った時は，授業スタンダードに基づいて判断している	3.20	1.02	.43	.36
16.	授業スタンダードと自分の価値観にギャップがあったとしても解決する方法を持っている	3.21	0.91	.38	.32
F2	授業スタンダードの内面化（$a=.94$）				
22.	授業スタンダードと自分の価値観とのギャップを感じない	3.36	0.88	-.20	.99
21.	授業スタンダードの内容には共感できるものが多い	3.56	0.88	-.12	.97
11.	授業スタンダードと自分の価値観は似かよっている	3.43	0.88	-.06	.93
17.	授業スタンダードに関する説明会や研修があれば積極的に参加したいと思う	3.25	0.96	-.01	.57
3.	授業スタンダードの内容に納得している	3.62	0.92	.34	.56
15.	授業スタンダードは，学校組織の一員としての自分の価値観のベースになっている	3.28	0.95	.33	.55
12.	授業スタンダードを自分のこととして受けとめている	3.62	0.96	.39	.54
14.	普段は意識しないが，授業スタンダードが自分に根付いていると思う	3.26	0.92	.34	.49
6.	授業スタンダードの必要性を理解している	3.82	0.93	.43	.45
		因子間相関		.79	

あり，スクリープロットの形状と解釈可能性から2因子解が妥当であると判断した。

　第一因子は，「授業スタンダードが学校の中でどのように示されているのか知っている」「授業スタンダードの内容を覚えている」といった項目で構成さ

れており，授業スタンダードの存在や内容を認知しているかどうかに関する因子であると考えられる。また，第一因子には「自分や他の教師が授業スタンダードに基づく授業をするために，必要な提案を行っている」といった，授業スタンダードの実践に関わる項目も含まれている。授業スタンダードの存在や内容に深く共感していなくとも，自治体や学校で授業スタンダードを活用することが目指されているときには，それに基づいた実践を行うことが予想される。したがって，授業スタンダードの認知に関する項目と同じ因子として理解してよいと判断した。以上の項目内容に鑑みて，第一因子は「授業スタンダードの認知・実践」と命名した。

　第二因子は，「授業スタンダードと自分の価値観とのギャップを感じない」「授業スタンダードの内容には共感できるものが多い」といった項目で構成されており，授業スタンダードの存在や内容を自分事として深く内面化しているかどうかに関わる因子であると考えられる。そこで，第二因子を「授業スタンダードの内面化」と命名した。この2つの因子について信頼性係数を求めたところ，十分な内的一貫性が確認された。分析では各平均値を用いた。

　教職年数：講師経験年数と正規雇用年数を，それぞれ数字で回答するよう求めた。これらを加算した値を教師の「教職年数」として扱った。

　授業づくりへの向き合い方：三和・外山（2015）の「教科指導学習動機尺度」から，自身の授業力量向上を図るものとして「熟達志向」（e.g.「授業がうまくなりたいから」），子どもの学力向上を図るものとして「子ども志向」（e.g.「子どもに確かな学力を身につけて欲しいから」），授業づくりについて自律的に学ぼうとするものとして「内発的動機づけ」（e.g.「授業の準備をすることは面白いから」）の下位尺度を用いた。前から順に4項目，5項目，5項目で構成されており，いずれも4件法で回答を求めた。各下位尺度の信頼性係数については，熟達志向が$a = .89$，子ども志向が$a = .94$，内発的動機づけで$a = .90$であった。それぞれの尺度について教師別に平均値を算出し，分析に用いた。

■ 学校レベル変数

　校長・校内研究担当者のリーダーシップ：一般教諭からみて校長と校内研究

担当者が変革的リーダーシップを発揮しているかどうかを捉えるために，吉村ほか（2014）の校長用「変革的リーダーシップ」[1]（e.g.「本校の校長は，教員の前で組織のリーダーとして振る舞っている」）の項目を用い，校内研究担当者については「校長」の文言を「校内研究担当者」に変更して，一般教諭に回答を求めた（6項目，5件法）。信頼性係数を求めたところ，校長の変革的リーダーシップは $\alpha = .93$，校内研究担当者の変革的リーダーシップは $\alpha = .94$ であった。校長と校内研究担当者それぞれの変革的リーダーシップの平均値を教師別に算出したのち，学校内での平均値を求めて分析に用いた。

　学校の授業研究体制：各学校における授業研究体制の特徴と課題を捉えるため，国立教育政策研究所（2011）の「校内研究の課題」に関する設問（e.g.「教員の参加意欲が十分でない」）を用い（8項目，複数選択），校内研究担当者に回答を求めた。

　ユークリッド距離を用いた階層的クラスター分析を行い（Ward法），デンドログラムと解釈可能性から3クラスターが妥当と判断した。クラスター1に該当した学校は，共通して「リーダーシップが十分に発揮されていない」を選択しており，また当項目を選択していない場合には「研究の継続性・発展性が十分でない」を選択していた。このことからクラスター1は，リーダーシップの発揮が十分でないか，校内研究の継続性や発展性が十分でないという課題をもっていると考えられる（以下，「授業研究停滞型」）。クラスター2に該当した学校は，共通して「教材研究や指導案の検討が十分でない」「リーダーシップが十分に発揮されていない」「教員の参加意欲が十分でない」の3項目を未選択であった。これはクラスター2に該当する学校が，校長や校内研究担当者のリーダーシップのもと，教師たちが教材研究や指導案検討に対して意欲的に取り組んでいることを意味する（以下，「教師主体型」）。クラスター3に該当した学校は，共通して「リーダーシップが十分に発揮されていない」「外部講師を招聘することが困難」を未選択であった。このことからクラスター3の学校は，校長や校内研究担当者のリーダーシップ，あるいは外部講師の指導に頼りながら授業研究を進めていると考えられる（以下，「外部講師活用型」）。3つの

図表 4-2　校内授業研究体制の類型と該当する学校数

クラスター	特徴	学校数
1．授業研究停滞型	校内のリーダーシップの発揮が十分でない。または，校内研究の継続性や発展性が十分でない。	51（28.7）
2．教師主体型	校内のリーダーシップが十分に発揮され，教師が教材研究や指導案検討に意欲的に取り組んでいる。	65（36.5）
3．外部講師活用型	校内のリーダーシップは十分に発揮し，外部講師を積極的に活用している。	62（34.8）
合計		178（100）

（比率％）

クラスターの特徴と学校数を図表 4-2 に示す。

学校の学力テスト成績：2018年度全国学力テストの国語AとB，算数・数学AとB，理科の平均正答率について，校長に回答を求めた。分析では，平均正答率の平均値を算出して用いた。

■ **自治体レベル変数**

授業スタンダードの内容や規範性，市区町村全体としての全国学力テストの結果については，第3章で得られた変数を用いた。具体的には，授業スタンダードの内容については「抽象型」と「具体型」，授業スタンダードの規範性については「規範性強」と「規範性弱」，市区町村全体としての全国学力テストの結果については「学力低位群」「学力中位・変動群」「学力高位群」の分類を用いた。それらに加えて，市区町村における全国学力テストの結果に関わる数値目標の有無を自治体レベル変数に加えた。

以上の変数の記述統計量を図表 4-3 にまとめて示す。

図表 4-3　各変数の記述統計量

	M	SD	Min	Max
教師レベル変数（$N=651$）				
認知・実践	3.33	0.82	1	5
内面化	3.44	0.78	1	5
教職年数	16.68	11.01	1	38
熟達志向	3.34	0.51	1	4
子ども志向	3.58	0.48	1	4
内発的動機づけ	2.91	0.58	1	4
学校レベル変数（$N=97$）				
学校種（0＝小学校，1＝中学校）	0.52	0.50	0	1
校長の変革的リーダーシップ	3.98	0.55	1.45	5.00
校内研究担当者の変革的リーダーシップ	3.84	0.48	2.60	5.00
授業研究停滞型				
（0＝教師主体型・外部講師活用型，1＝授業研究停滞型）	0.25	0.43	0	1
教師主体型				
（0＝授業研究停滞型・外部講師活用型，1＝教師主体型）	0.31	0.46	0	1
学力テスト成績	61.93	5.55	49.40	72.60
自治体レベル変数（$N=41$）				
授業スタンダードの内容（0＝抽象型，1＝具体型）	0.44	0.50	0	1
授業スタンダードの規範性（0＝規範性弱，1＝規範性強）	0.61	0.49	0	1
学力中位群（0＝低位群・高位群，1＝中位群）	0.56	0.50	0	1
学力低位群（0＝中位群・高位群，1＝低位群）	0.24	0.43	0	1
成果指標の設定（0＝未設定，1＝設定）	0.54	0.50	0	1

第3節　本章の分析結果

（1）級内相関係数

本章で取り扱うデータは，教師が学校と自治体にネストされる階層的なデータ構造をもっている。したがって，3つの階層による効果を同時に分析するために，マルチレベル分析を行った。

まず，授業スタンダードの認知・実践および内面化を目的変数とし，そこに説明変数を投入しないモデルのもとで，目的変数に集団間変動が認められるかどうかを確認した。その結果，授業スタンダードの認知・実践では，学校レベルの級内相関係数が0.13（$\chi^2=114.68$, $df=56$, $p<.001$），自治体レベルの級内相関係数が0.20（$\chi^2=133.96$, $df=40$, $p<.001$）であった。また授業スタンダードの内面化では，学校レベルの級内相関係数が0.11（$\chi^2=110.13$, $df=56$, p

<.001），自治体レベルの級内相関係数が0.13（$\chi^2=91.28$, $df=40$, $p<.001$）であった。一般的に，級内相関係数が0.1以上あれば，マルチレベル分析を行うことが妥当と言われており（清水, 2014），授業スタンダードの認知・実践および内面化ともに，学校レベルの分散と自治体レベルの分散を考慮して分析を行うこととした。

（2）各レベルの変数による影響

授業スタンダードの認知・実践および内面化のそれぞれを目的変数とするモデルに，教師レベル，学校レベル，自治体レベルの変数を投入し，切片にのみ変量効果を仮定して分析を行った（最尤推定法)[2]。なお，教師レベル変数については学校平均値による中心化を，学校レベル変数については自治体平均値による中心化を行った。結果を図表4-4に示す。

まず，授業スタンダードの認知・実践については，教職年数が長い教師や，熟達志向や内発的動機づけが高い教師ほど，授業スタンダードを認知・実践していることが明らかになった。また，教師からみて校内研究担当者が変革的リーダーシップを発揮している学校や，教師が主体的に授業研究に取り組んでいる学校（教師主体型）ほど，授業スタンダードを認知・実践していることも示された。さらに，授業スタンダードの活用を強制している自治体ほど，教師が授業スタンダードを認知・実践しやすいことが明らかになった。その他の変数については授業スタンダードの認知・実践と有意な関連はなかった。

授業スタンダードの内面化については，熟達志向や内発的動機づけが高い教師ほど，授業スタンダードを内面化しやすいことが示されたが，教職年数による有意な影響はみられなかった。また，校内研究担当者の変革的リーダーシップが発揮されている学校ほど，その学校の教師は授業スタンダードを内面化していることも明らかとなった。しかし，校内授業研究の体制が教師の授業スタンダードの内面化に有意な影響を及ぼしているとは言えなかった。さらに，授業スタンダードの活用を強制している自治体ほど，教師が授業スタンダードを内面化しやすいことが示された。

図表4-4　授業スタンダードの認知・実践および内面化に対する各レベル変数の影響

固定効果	認知・実践 b	認知・実践 SE	内面化 b	内面化 SE
自治体レベル				
内容（0＝抽象型，1＝具体型）	−0.01	0.13	0.03	0.11
規範性（0＝規範性弱，1＝規範性強）	0.27*	0.12	0.21*	0.10
学力中位群（0＝低位群・高位群，1＝中位群）	−0.09	0.18	−0.11	0.16
学力低位群（0＝中位群・高位群，1＝低位群）	0.03	0.16	0.10	0.15
成果指標の設定（0＝未設定，1＝設定）	−0.14	0.13	−0.14	0.11
学校レベル変数				
学校種（0＝小学校，1＝中学校）	−0.06	0.06	−0.11	0.06
校長の変革的リーダーシップ	0.15	0.11	0.17	0.11
校内研究担当者の変革的リーダーシップ	0.28*	0.13	0.27*	0.12
授業研究停滞型（0＝教師主体型・外部講師活用型，1＝授業研究停滞型）	0.09	0.10	0.11	0.09
教師主体型（0＝授業研究停滞型・外部講師活用型，1＝教師主体型）	0.18*	0.08	0.13	0.08
学力テスト成績	−0.02	0.01	−0.01	0.01
教師レベル変数				
教職年数	0.01***	0.00	0.00	0.00
熟達志向	0.20*	0.08	0.27***	0.06
子ども志向	0.07	0.09	0.06	0.07
内発的動機づけ	0.20***	0.05	0.17***	0.05
変量効果	分散成分		分散成分	
集団間分散（自治体）	0.11		0.05	
集団間分散（学校）	0.04		0.05	
集団内分散（教師）	0.42		0.42	
逸脱度	1370.89		1362.45	
AIC	1408.89		1400.45	

*p＜.05，***p＜.001
1）標準誤差（SE）はロバスト標準誤差を用いた。

第4節　本章のまとめ

　本章は，市区町村の授業スタンダードは教師にどのくらい受容されているのか，その程度に影響している要因は何かを検討してきた。本節は，教師・学校・自治体の各レベルの分析結果について解釈を試みる。

（1）教師レベル変数の影響

　まず，教師レベル変数では，教職年数が長い教師ほど，授業スタンダードを

認知・実践していることが明らかになった。教師の熟達化について，適応的熟達者の概念によれば，教師は経験の省察と実践化のルーティンの繰り返しによって定型的な技術を体得し，その技術が適さない場面に直面した際には自身の信念や思考枠組まで掘り下げて問い直す側面があるという（坂本, 2013）。この知見を踏まえると，教職年数の多い教師は，多数の授業に接してきているため，授業スタンダードに記されていることを，既に「わかっていること・やっていること」として受けとめているのかもしれない。あるいは，授業スタンダードの内容には「主体的・対話的で深い学び」が含まれることが多いため（内山, 2018），従来の授業形態を転換させるために，ベテラン教師ほど授業スタンダードを参照しているのかもしれない。ただし，適応的熟達者は子どもの実態や学校の文脈に応じて自らの力量を発揮すると言われている（坂本, 2013）。多数の授業に接してきた教職経験の長い教師は，単一技術だけで多様かつ複雑な教育状況に対応することはできないと考え，授業づくりの一面だけを切り取った授業スタンダードを内面化するに至らなかった可能性がある。

　また，子ども志向については，授業スタンダードの認知・実践および内面化の双方との間に有意な関連は認められなかった。子ども志向は「子どもに確かな学力を身につけて欲しいから」といった項目で構成されているが，子どもの学力向上を期待している教師が，授業スタンダードを受容するとは限らないと言える。授業スタンダードは基礎学力の向上を期待して作成・運用されていると言われており，第2章や第3章では，全国学力テストの結果改善を意識する自治体において授業スタンダードが作成・運用されていることが明らかとなった。しかし，教師が子どもに身につけさせる学力は多岐に渡っている。例えば，近年の学習指導要領でも示されている汎用的な能力の育成を目指すならば，子どもたちの実態に即して柔軟に授業を営むことが必要になる。授業の形式を規格化する授業スタンダードでは，こうした学力の向上に寄与することは難しいかもしれない。また，基礎学力の定着を目指していたとしても，それを実現するための授業方法は多様に存在し得る。普段から多様な子どもと関わり合っている教師たちにとって，学力向上を目的とすることが，すなわち授業ス

タンダードに準拠することに結びつくわけではないと考えられる。

しかし，本章の分析では，内発的動機づけや熟達志向が高い教師ほど，授業スタンダードを認知・実践および内面化しやすいことが示された。先行研究では，教師が自律的に学ぶこと自体を望ましいこととして捉えているが（三和・外山，2015），本章の結果を踏まえると，教師が自律的に学びさえすれば，その教師が教育実践の不確実性を理解し，教師それぞれがもつ個性を活かした授業づくりができるようになるとは限らないと考えられる。自律的に学んでいる教師であっても，授業実践の不確実性に向き合うことなく，特定の授業技術の獲得に面白さや喜びを感じている場合には，授業スタンダードを技術的にも理念的にも受容する可能性が高いと考えられる。また，坂田（2018）が示唆するように，本章でも自身の授業力量を高めたいと願っている教師ほど，授業スタンダードを技術的・精神的な支えとしていることが明らかになった。授業スタンダードは，授業の手立てを簡便にパッケージ化しており（子安，2021），授業力量を高めたいと考える教師にとって魅力的な道具になり得る。また，授業スタンダードは自治体が作成したという正統性も相まって，それに従いさえすれば，教師として成長できると信じる教師もいることだろう。このように本章では，授業づくりに関する面白さの追究や教師自身の成長に関する文脈において，教師が授業スタンダードを拠り所にしやすいことが示された。

（2）学校レベル変数の影響

学校レベル変数については，校内の授業研究を教師が主体的に進めている学校では，教師が自治体の授業スタンダードを認知・実践しやすいことが示された。教職年数に関する考察と同様に，こうした学校では，教師が授業研究を積み重ねることによって，授業スタンダードに記されている授業技術を既に獲得していたと考えることもできる。すなわち，こうした学校の教師たちにとって，授業スタンダードは特別に新しい技術ではなく，普段の授業の中で教師たちが自然と使用しているものだった可能性がある。しかし，先行研究では，教師たちだけで授業研究を進めると，教授方略のみに注意が向きがちであると言われている（坂本，2013）。そのため，教師主体型の授業研究は授業スタンダー

ドを認知・実践する格好の場になっている可能性も否めない。ただし本章の分析では，教師が主体的に授業研究を行っているからといって，授業スタンダードを内面化するとまでは言い切れなかった。授業研究を通して授業スタンダードの存在を知り，その技術や価値に魅了される教師もいれば，授業スタンダードがもつ技術や価値を相対化して捉える教師もいるのではないかと考えられる。

　また，本章では，校内研究担当者が変革的リーダーシップを発揮しているほど，授業スタンダードを認知・実践し，内面化しやすいことが明らかとなった。畑中（2012）によると，ミドル教師は他の教師を巻き込みながら自身のアイデアを実現するために，改善案をわかりやすく説明したり，教育委員会や管理職の権力を後ろ盾にしたりするという。自治体の授業スタンダードは，授業の手立てをわかりやすく示しており，自治体による権威づけもなされている。そのため，校内研究担当者が他の教師を統率し導いていく上で，授業スタンダードは便利な道具になり得る。校内研究担当者が授業スタンダードに依拠しながら校内研究を主導することで，他の教師も授業スタンダードを認知・実践的にも内面的にも受容するようになるのではないかと推察される。

　一方で，学校の学力テスト成績については，授業スタンダードの受容との間に有意な関連はみられなかった。これは教師個人の子ども志向についての考察と同様の事態が想定される。すなわち，子どもの学力を向上させるといっても，その学力は多岐に渡っている上に，学力向上を支える方略も多数存在し得ると考えられる。そのため，学校全体として学力向上を目指すことが，授業スタンダードを用いて校内の授業改善を行うことに直結するわけではなかったのだと推察される。

（3）自治体レベル変数の影響

　自治体レベル変数では，授業スタンダードのもつ規範性と授業スタンダードに対する認知・実践および内面化との間に有意な関連がみられた。具体的には，自治体が教師に授業スタンダードへの準拠を求めている場合，教師は授業スタンダードを認知・実践しやすいだけではなく，それを授業づくりに関する

教師自身の価値としても内面化しやすいことが示された。先行研究では、スタンダード化が個々人の思考枠組にまで影響を及ぼすことが指摘されている（仲田，2018）。授業スタンダードに準拠した授業づくりが自治体から求められることで、教師は授業スタンダードに含まれる内容や価値が目の前の子どもにとって望ましいのかを吟味せず、そうした内容や価値を盲目的に受け入れながら自治体の要求に応えようとしているのではないかと考えられる。

一方で、自治体としての全国学力テストの成績やそれに関する成果指標の設定については、授業スタンダードの受容との間に有意な関連がみられなかった。ここでも、子どもの学力向上を課題とすることが、その自治体で勤務する教師の授業スタンダードの受容に直結するとは限らないと言える。

第3章と第4章では、市区町村の授業スタンダードに着目した。近年では、市区町村の授業スタンダードを受け、学校でも授業スタンダードを作成する事例が増えてきている。そこで第5章と第6章では、学校で作成されている授業スタンダードに焦点を当てて分析する。

注
1) 吉村らは、校長の変革的リーダーシップを「校長自らの主体的な統率力を持って、教員を導くリーダーの行動スタイル」（p.55）と定義している。
2) マルチレベル分析では、目的変数の切片のみならず、説明変数が目的変数に与える影響（係数）にも集団間変動を予測し得る。そこで、授業スタンダードの「認知・実践」「内面化」を目的変数とし、それらに対して教師レベル変数が与える影響（係数）にも学校間差と自治体間差があることを仮定して分析を行った。その結果、「認知・実践」を目的変数とするとき、いずれの教師レベル変数の係数も、その分散が有意ではなく、教師レベル変数の係数に学校間差と自治体間差は認められなかった。したがって「認知・実践」については、切片にのみ変量効果を想定することとした。また「内面化」を目的変数とするとき、内発的動機づけの係数について、学校レベルの分散成分が有意であることが明らかとなった。しかし、その分散成分は0.06と小さく、この分散を仮定しないモデルと、この分散を仮定したモデルのもとで得られる固定効果の値は、ほぼ一致していた。したがって、内発的動機づけの係数についても、学校間差を仮定しないことは許容できると判断し、切片のみに変量効果を仮定することとした。なお、学校レベル変数の係数についても、自治体間差が仮定され得る。しかし、本章では学校レベルと自治体レベルのサンプルサイズが小さいこともあり、学校レベル変数の係数に変量効果を仮定して分析することが難しいと判断した。

第5章　学校における授業スタンダードの作成状況

第1節　本章の目的

　本章の目的は，どのような学校が授業スタンダードを作成しているのか，学校の授業スタンダードの内容や規範性にはどのような特徴がみられ，どのような要因がそれを規定しているのかを検討することである。

　学校で作成されている授業スタンダードは，日々の授業づくりに取り組んでいる教師にとって，市区町村のものよりも身近であり得る。そのため，各学校における授業スタンダード作成の動向を明らかにすることは，重要な検討課題である。具体的には，授業スタンダードのある市区町村の中でも，すべての学校が授業スタンダードを独自に作成しているわけではないため，どのような特徴をもつ学校が授業スタンダードを作成する傾向にあるのかという問いが立てられる。しかし，各学校における授業スタンダードの作成状況については，いくつかの事例を取り上げた報告はあるものの（内山，2018），量的な検討はなされていない。したがって，各学校における授業スタンダードの作成要因については検討の余地がある。

　それでは，どのような学校要因が授業スタンダードの作成に影響を及ぼし得るのか。第2章や第3章で明らかになったように，市区町村では授業スタンダードを子どもの学力向上を目的に作成しているという背景がある。この背景に鑑みると，学校別の全国学力テストの成績が授業スタンダードの作成に関わっている可能性がある。また，全国学力テストの成績に関わる成果指標を設定している市区町村が授業スタンダードを作成しやすいという第3章の知見を踏まえると，同様の指標を独自に設定している学校において授業スタンダードが作成されやすいのではないかと予想される。さらに，第1章において指摘し

たように，若手教師など授業力量に課題を抱える教師のために授業スタンダードが作成されているという背景もある。そのため，教師集団の授業力量が不安視されている学校ほど授業スタンダードが作成されているのではないかと考えられる。また，本書が行った校長に対する質問紙調査の結果を一部先取りするならば，学校の授業スタンダード作成に最も関わった者について91件の回答が得られ，そのうち都道府県または市区町村教育委員会が4件（4.4%），学校長が9件（9.9%），教頭・副校長が7件（7.7%），研究主任・教務主任が71件（78.0%）であった。この結果から，学校の授業スタンダード作成には，研究主任・教務主任といった校内研究を担当するミドルリーダーが深く関わっていると考えられる。加えて，これらのミドルリーダーの発揮するリーダーシップスタイルが一定の目標に教師集団を動機づけようとするものであるほど，授業スタンダードを作成して個々の教師の授業づくりに一律に関わろうとすることが予想される。さらに，規模の大きい学校ほど，効率的に教師集団の授業力量を高めたり共通理解を図ったりしようとして，授業スタンダードを作成しているかもしれない。以上から，各学校の全国学力テストの成績やそれに関わる成果指標の有無，教師集団の授業力量に関する認識，校内研究担当者のリーダーシップスタイル，学校規模が，学校の授業スタンダード作成に関わっている可能性がある。

　ただし，学校における授業スタンダード作成に影響する要因として，学校レベルのものを検討するだけでは不十分であろう。内山（2018）は，市区町村の授業スタンダードを補うために，各学校で授業スタンダードが作成された事例を報告している。また，第3章で示されたように，市区町村レベルの授業スタンダードには，内容や規範性の強弱に違いがみられる。これらを踏まえると，市区町村の授業スタンダードの内容や規範性の違いが，学校の授業スタンダードの作成に影響を及ぼす可能性がある。さらに，自治体における全国学力テストの成績や成果指標の設定状況を受けて，各学校が学力向上のツールとして独自に授業スタンダードを作成することが考えられる。そのため，各学校における授業スタンダードの作成要因として，自治体の授業スタンダードの特徴や全

国学力テストの成績,および全国学力テストの成績に関する成果指標の設定状況も考慮する必要がある。

さらに,学校作成の授業スタンダードにも内容や規範性に差異がみられる可能性があり,その差異に影響する要因を検討する必要があるだろう。例えば,学校の授業スタンダード作成有無に影響し得る要因が,規範性や内容にも影響しているのかを検証することが考えられる。

そこで,本章は,自治体レベルと学校レベルの階層性を考慮しながら,①学校における授業スタンダードの作成に影響する要因,②学校における授業スタンダードの規範性に影響する要因,③学校における授業スタンダードの内容に影響する要因を明らかにする。

第2節 本章の方法

本章では,第4章と同様に,自治体調査と学校調査で得られたデータを使用した。本章の分析に関わる調査項目と設定した変数を以下に整理する。

■ 学校レベル変数

学校全体としての全国学力テストの成績と校内研究担当者の変革的リーダーシップについては,第4章のものを本章でも使用した。その他の学校レベル変数は以下のとおりである。

授業スタンダードの作成有無:学校独自の授業スタンダードが作成されているかどうかを,校長に尋ねた。

授業スタンダードの内容:第1章の分析結果に基づいて,「授業進行(めあての提示,振り返りの時間の設置)」「ノートの取り方指導」「板書計画」「発問の仕方」「子どものわかる・できるを目指した授業づくり」の項目を作成し,複数選択で校長に回答を求めた。

授業スタンダードの規範性:市区町村の授業スタンダードを対象にした第3章の調査と同様に,「授業スタンダードに準拠した授業づくりを教師に求めている」「授業づくりの際に必要に応じて参考にすることを教師に求めている」「活用方法は特に定めていない」の3つの項目を設け,当てはまる項目を回答

するよう校長に求めた。そして、授業スタンダードに準拠した授業づくりを求めていると回答した学校を「規範性強」、それ以外と回答した学校を「規範性弱」として分類した。

教師集団の授業力量：国立教育政策研究所（2011）にある「本校の授業の水準は高い」という設問を用い、校長に回答を求めた（5件法）。

成果指標の設定：全国学力テストの結果に関わる数値目標を設定しているかどうかを、校長に尋ねた。

児童生徒数：学校規模として、全国学校データ研究所（2018）に記されている各学校の児童生徒数を用いた。

■ **自治体レベル変数**

授業スタンダードの内容、授業スタンダードの規範性、市区町村全体として

図表5-1　本章で用いるデータの記述統計量

	N	M	SD	Min	Max
自治体レベル変数					
自治体作成の授業スタンダードの規範性 　（0＝規範性弱，1＝規範性強）	58	0.59	0.50	0	1
自治体作成の授業スタンダードの内容 　（0＝抽象型，1＝具体型）	59	0.53	0.50	0	1
成果指標の設定（0＝未設定，1＝設定）	59	0.53	0.50	0	1
学力低位群（0＝中位群・高位群，1＝低位群）	49	0.24	0.43	0	1
学力高位群（0＝低位群・中位群，1＝高位群）	49	0.20	0.41	0	1
学校レベル変数					
教師集団の授業力量	194	2.61	0.78	1	5
学力テスト成績	141	61.43	5.55	49.40	72.60
成果指標の設定（0＝未設定，1＝設定）	188	2.61	0.78	0	1
校内研究担当者の変革的リーダーシップ	199	3.83	0.51	2.47	5
児童生徒数	204	291.97	204.00	7	958
学校における授業スタンダードの作成 　（0＝未作成，1＝作成）	188	0.62	0.49	0	1
学校作成の授業スタンダードの規範性 　（0＝規範性弱，1＝規範性強）	121	0.73	0.45	0	1
授業進行（0＝非該当，1＝該当）	117	0.99	0.09	0	1
ノートの取り方指導（0＝非該当，1＝該当）	117	0.44	0.50	0	1
板書計画（0＝非該当，1＝該当）	117	0.46	0.50	0	1
発問の仕方（0＝非該当，1＝該当）	117	0.50	0.50	0	1
子どものわかる・できるを目指した授業づくり 　（0＝非該当，1＝該当）	117	0.72	0.45	0	1

の全国学力テストの成績，全国学力テストの結果に関わる成果指標の設定状況について，第4章と同様のものを投入した。

本章の分析に用いる変数の記述統計量を図表5-1に示す。

第3節　学校における作成状況

（1）級内相関係数

本章で扱うデータは学校が自治体にネストされる階層構造をもっているため，マルチレベル分析を行うことを検討する必要がある。まず，学校の授業スタンダード作成について，級内相関係数（ICC）を確認した。その結果，自治体レベルのICCが0.21であり，全体の分散のうちおよそ21％が自治体レベル変数によって説明できることが示された。ICCを用いてデータの階層性を判断する際，一般的にICCが0.1以上あることがマルチレベル分析を用いる基準であるとされている（清水, 2014）。したがって，学校の授業スタンダード作成について，学校レベルの分散と自治体レベルの分散を考慮したマルチレベル分析を行うことが妥当であると判断した。

（2）各レベルの変数による影響

学校の授業スタンダード作成に影響する要因を明らかにするために，学校レベルと自治体レベルの説明変数を投入してマルチレベルのロジスティック回帰分析を行った。なお，学校レベル変数のうち，連続変量については自治体平均値による中心化を施した。分析の結果を図表5-2に示す。

自治体レベル変数では，自治体作成の授業スタンダードに具体的な指導方法が記載されているほど，また全国学力テストの成績が高い自治体にある学校ほど，授業スタンダードを作成している傾向が明らかになった。学校レベル変数では，全国学力テストの成績に関わる成果指標が設定されている学校ほど，学校独自の授業スタンダードを作成しやすいことが示された。

図表 5-2　学校における授業スタンダードの作成に対する各レベル変数の影響

	推定値	SE	OR	95%CI
自治体レベル変数				
自治体作成の授業スタンダードの規範性	0.83	0.43	2.29	(0.95, 5.52)
（0＝規範性弱，1＝規範性強）				
自治体作成の授業スタンダードの内容	1.17	0.47	3.24*	(1.24, 8.48)
（0＝抽象型，1＝具体型）				
成果指標の設定（0＝未設定，1＝設定）	0.76	0.46	2.13	(0.83, 5.46)
学力低位群（0＝中位群・高位群，1＝低位群）	0.32	0.55	1.38	(0.45, 4.26)
学力高位群（0＝低位群・中位群，1＝高位群）	1.18	0.52	2.89*	(1.13, 9.26)
学校レベル変数				
教師集団の授業力量	0.56	0.43	1.75	(0.73, 4.18)
学力テスト成績	−0.02	0.06	0.98	(0.87, 1.10)
成果指標の設定（0＝未設定，1＝設定）	1.27	0.60	3.54*	(1.07, 11.76)
校内研究担当者の変革的リーダーシップ	0.19	0.56	1.21	(0.40, 3.68)
児童生徒数	−0.00	0.00	1.00	(0.99, 1.00)

*$p<.05$, **$p<.01$

第4節　内容の規定要因

　次に，学校作成の授業スタンダードに盛り込まれる内容が，いかなる要因によって規定されるのかを検討する。本章では，授業スタンダードの内容に関する調査項目として，「授業進行」「ノートの取り方指導」「板書計画」「発問の仕方」「子どものわかる・できるを目指した授業づくり」を設定した。ただし，記述統計量で示したように，「授業進行」は学校の授業スタンダードのほとんどすべてに含まれている。そのため，ここでは「授業進行」を分析の対象から除き，「ノートの取り方指導」「板書計画」「発問の仕方」「子どものわかる・できるを目指した授業づくり」に着目して，それぞれを規定している要因を検討する。

（1）ノートの取り方指導

　級内相関係数：「ノートの取り方指導」については，自治体レベルのICCが0.00であり，自治体間での変動がほとんどみられない。そのため，学校レベル変数のみを考慮することが妥当であると考えられる。

　各変数による影響：そこで，学校作成の授業スタンダードに「ノートの取り

方指導」が含まれているかどうかを目的変数，校内の教師集団の授業力量・学力テスト成績・学力テスト成績に関する成果指標の設定・校内研究担当者の変革的リーダーシップ・児童生徒数を説明変数とするロジスティック回帰分析を行った（図表5-3）。その結果，いずれの説明変数も目的変数との有意な関連はみられなかった。

図表5-3 「ノートの取り方指導」に対する学校レベル変数の影響

	推定値	SE	OR	95%CI
教師集団の授業力量	0.35	0.33	1.41	(0.74, 2.77)
学力テスト成績	−0.01	0.04	0.99	(0.92, 1.07)
成果指標の設定（0＝未設定，1＝設定）	0.41	0.60	1.51	(0.47, 5.08)
校内研究担当者の変革的リーダーシップ	0.58	0.57	1.79	(0.59, 5.08)
児童生徒数	0.00	0.00	1.00	(1.00, 1.00)

（2）板書計画

級内相関係数：「板書計画」についても，自治体レベルのICCが0.02とわずかであるため，学校レベル変数のみを考慮することが妥当と判断した。

各変数による影響：学校作成の授業スタンダードに「板書計画」が含まれているかどうかを目的変数，校内の教師集団の授業力量・学力テスト成績・学力テスト成績に関する成果指標の設定・校内研究担当者の変革的リーダーシップ・児童生徒数を説明変数とするロジスティック回帰分析を行った（図表5-4）。その結果，いずれの説明変数においても有意な影響を確認できなかった。

図表5-4 「板書計画」に対する学校レベル変数の影響

	推定値	SE	OR	95%CI
教師集団の授業力量	−0.41	0.35	0.67	(0.33, 1.31)
学力テスト成績	0.06	0.04	1.07	(0.98, 1.16)
成果指標の設定（0＝未設定，1＝設定）	0.30	0.62	1.34	(0.40, 4.72)
校内研究担当者の変革的リーダーシップ	0.60	0.59	1.82	(0.58, 6.01)
児童生徒数	0.00	0.00	1.00	(1.00, 1.00)

(3) 発問の仕方

級内相関係数:「発問の仕方」については,自治体レベルの ICC が0.16であり,全体の分散のうち約16%が自治体レベル変数によって説明され得る。そのため,自治体間での変動を想定したマルチレベル分析を行うことが妥当であると判断した。

各レベルの変数による影響:学校の授業スタンダードに「発問の仕方」を含める要因を明らかにするために,学校レベルと自治体レベルの説明変数を投入してマルチレベルのロジスティック回帰分析を行った(図表5-5)。その結果,自治体レベル変数についてはいずれも有意な影響を確認できなかった。学校レベル変数については,学力テスト成績・成果指標の設定・校内研究担当者の変革的リーダーシップ・児童生徒数が有意な影響を与えていた。ただし,オッズ比をみると,学力テスト成績と児童生徒数については1程度であり,それほど大きな影響を及ぼしていない。その一方で,校内研究担当者の変革的リーダーシップのオッズ比は5.61,成果指標の設定のオッズ比は7.88であるため,これらの変数は重要な要因であると言える。

図表5-5 「発問の仕方」に対する各レベル変数の影響

	推定値	SE	OR	95%CI
自治体レベル変数				
自治体作成の授業スタンダードの規範性(0 = 規範性弱, 1 = 規範性強)	−0.97	0.98	0.38	(0.05, 2.83)
自治体作成の授業スタンダードの内容(0 = 抽象型, 1 = 具体型)	0.52	0.85	1.68	(0.29, 9.79)
成果指標の設定(0 = 未設定, 1 = 設定)	−0.03	0.99	0.97	(0.13, 7.40)
学力低位群(0 = 中位群・高位群, 1 = 低位群)	0.73	1.05	2.09	(0.24, 18.20)
学力高位群(0 = 低位群・中位群, 1 = 高位群)	0.61	0.98	1.84	(0.25, 13.83)
学校レベル変数				
教師集団の授業力量	0.34	0.20	1.41	(0.93, 2.11)
学力テスト成績	0.22	0.07	1.24**	(1.07, 1.44)
成果指標の設定(0 = 未設定, 1 = 設定)	2.06	0.70	7.88**	(1.86, 33.50)
校内研究担当者の変革的リーダーシップ	1.72	0.70	5.61**	(1.87, 16.89)
児童生徒数	0.00	0.00	1.00*	(1.00, 1.00)

*$p<.05$, **$p<.01$

（4）子どものわかる・できるを目指した授業づくり

　級内相関係数：「子どものわかる・できるを目指した授業づくり」については，自治体レベルのICCが0.03であり，3％しか自治体レベル変数によって説明され得ない。そのため，学校レベル変数のみを考慮して分析を進めることが妥当と判断した。

　各変数による影響：学校作成の授業スタンダードに「子どものわかる・できるを目指した授業づくり」が含まれているかどうかを目的変数，校内の教師集団の授業力量・学力テスト成績・学力テスト成績に関する成果指標の設定・校内研究担当者の変革的リーダーシップ・児童生徒数を説明変数とするロジスティック回帰分析を行った（図表5-6）。その結果，校内研究担当者が変革的リーダーシップを発揮しているほど，「子どものわかる・できるを目指した授業づくり」が学校独自の授業スタンダードの内容として含まれにくいことが示された。

図表5-6　「子どものわかる・できるを目指した授業づくり」に対する学校レベル変数の影響

	推定値	SE	OR	95%CI
教師集団の授業力量	−0.12	0.39	0.88	(0.41, 1.89)
学力テスト成績	0.05	0.05	1.05	(0.97, 1.15)
成果指標の設定（0＝未設定，1＝設定）	0.22	0.68	1.25	(0.31, 4.66)
校内研究担当者の変革的リーダーシップ	−1.38	0.70	0.25*	(0.06, 0.96)
児童生徒数	0.00	0.00	1.00	(1.00, 1.00)

*$p<.05$

第5節　規範性の規定要因

　級内相関係数：学校作成の授業スタンダードの規範性については，自治体レベルのICCが0.05であり，全体の分散のうちおよそ5％しか自治体レベル変数によって説明されないことが示された。したがって，自治体レベルの分散を考慮せず，学校レベル変数によって検討することが妥当であると判断した。

　各変数による影響：どのような要因が学校作成の授業スタンダードのもつ規範性に影響しているのかを明らかにするために，学校作成の授業スタンダードの規範性を目的変数，校内の教師集団の授業力量・学力テスト成績・学力テス

ト成績に関する成果指標の設定・校内研究担当者の変革的リーダーシップ・児童生徒数を説明変数とするロジスティック回帰分析を行った（図表5-7）。その結果，校内研究担当者が変革的リーダーシップを発揮しているほど，学校作成の授業スタンダードに強い規範性をもたせやすいことが示された。

図表5-7　学校作成の授業スタンダードの規範性に対する学校レベル変数の影響

	推定値	SE	OR	95%CI
教師集団の授業力量	−0.01	0.39	0.99	(0.46, 2.14)
学力テスト成績	0.09	0.05	1.09	(0.99, 1.20)
成果指標の設定（0＝未設定，1＝設定）	−0.59	0.70	0.55	(0.13, 2.04)
校内研究担当者の変革的リーダーシップ	1.46	0.74	4.29*	(1.09, 20.22)
児童生徒数	−0.00	0.00	1.00	(1.00, 1.00)

*$p<.05$

第6節　本章のまとめ

　以上の分析結果を踏まえて，学校における授業スタンダードの作成，および学校のスタンダードに含まれている内容や規範性に影響する要因について考察する。

（1）授業スタンダードの作成に影響する要因

　まず，自治体の授業スタンダードに具体的な指導方法が盛り込まれているほど，学校が独自に授業スタンダードを作成しやすいことが明らかになった。実際のところ，具体的な授業実践の手立てを盛り込んだ市区町村作成の授業スタンダードが自治体内の小中学校で「自校化」され，その過程でさらに授業実践の細部を掘り下げ，独自の授業スタンダードを作成した学校もある（内山，2018）。具体的な指導方法を盛り込んだ自治体の授業スタンダードが，それをさらに学校の実態に合わせて取り入れようという学校の意識を喚起することで，学校単位でより詳細な内容を含む授業スタンダードが作成されるようになるのではないかと考えられる。

　次に，全国学力テストの成績が高い自治体にある学校ほど，独自の授業スタンダードを作成しやすいことが示された。この知見については，学校の授業スタンダード作成によって自治体全体としての全国学力テストの成績が向上した

という解釈と，もともと全国学力テストの成績が高い自治体で学校独自の授業スタンダードが作成されやすいという解釈の両方が成り立ち得る。

ただし，本章の分析は自治体で授業スタンダードが作成されている学校を対象としているため，たとえ学校で独自に授業スタンダードを作成していなくとも，必要に応じて自治体の授業スタンダードを学校は活用できる状態である。したがって，学校による独自の授業スタンダード作成が自治体全体の学力向上に寄与したとは判断しにくい[1]。むしろ，全国学力テストの成績が高い自治体にある学校は，高い学力テスト成績を維持したいという自治体の期待に応えようとしたり，その水準の維持に貢献しなければならないと考えたりするために，積極的かつ具体的な方策として授業スタンダードを作成しやすいのではないかと予想される。

その一方で，各学校における全国学力テストの成績と授業スタンダードの作成との関連はみられなかった。そのため，学校にとっては，自校の学力テスト成績の高低よりも所属する自治体の学力を高い水準で維持しようとすることが，授業スタンダード作成の動機となっている可能性がある。また，全国学力テストの成績に関わる成果指標が設定されている学校ほど，授業スタンダードを作成しやすいことが示された。学力テスト成績についての目標を定めている学校では，達成のためのツールとして授業スタンダードを作成しやすいと考えられる。

（2）授業スタンダードの内容に影響する要因

学校の授業スタンダードの内容については，校内研究担当者が変革的リーダーシップを発揮しているほど，また全国学力テストの成績に関する成果指標が設定されているほど，「発問の仕方」が含まれやすいことが示された。実際の授業スタンダードでは，子どもの思考を促す発問や明確でわかりやすい発問を望ましいものとする事例が確認できる[2]。そのため，変革的リーダーシップを発揮している校内研究担当者や成果指標を設定している学校は，子ども主体の授業スタイルや子どもの学力向上を実現するために，授業スタンダードを通して個々の教師の発問の仕方に関わろうとしていると考えられる。

一方で，校内研究担当者が変革的リーダーシップを発揮しているほど，「子どものわかる・できるを目指した授業づくり」は学校の授業スタンダードの内容に含まれにくいことが示された。先に述べたように，変革的リーダーは特定の目標に向けて教師集団を動機づけようとする。そして，研究主任など校内研究担当者が示す目標に教師集団を動機づけるためには，具体的で達成の見通しを立てやすい目標を提示することが重要であるとされている（北神, 2010）。その点で，授業の手立てがわかりやすくまとめられている授業スタンダードは，授業づくりにおける校内の共通した明確な目標として位置づけられ得る。ただし，「子どものわかる・できるを目指した授業づくり」という内容は抽象的なものであると言える。なぜならば，子どもが学習内容を理解できたかどうかを判断するためには，さまざまな学習場面におけるその時々の子どもの姿を丁寧にみとらなければならないからである。また，学習場面における子どもの姿は一様ではないため，教師による支援のあり方も子ども一人ひとりの実態によって異なり得る。そのため，「子どものわかる・できるを目指した授業づくり」の解釈やそれを目指した教育実践の様相は個々の教師によって異なる可能性があり，具体的で達成の見通しを立てやすい目標とは言えない。したがって，校内研究担当者が変革的リーダーシップを発揮している場合には，教師集団内で共有しやすい明確な目標が好まれるため，「子どものわかる・できるを目指した授業づくり」のような文脈依存的な内容は，学校の授業スタンダードに含まれにくいのではないかと考えられる。

（3）授業スタンダードの規範性に影響する要因

本章では，校内研究担当者が変革的リーダーシップを発揮しているほど，学校の授業スタンダードに強い規範性をもたせやすいことが明らかになった。変革的リーダーシップは，一部のカリスマ的リーダーが特定の目標に教師集団を動機づけるスタイルである（露口, 2008）。多くの授業スタンダードでは授業の手立てが簡便にパッケージ化されているため（子安, 2021），授業づくりについての明確な目標として教師集団に伝わりやすいことが予想される。したがって，変革的リーダーシップスタイルを有する校内研究担当者は，校内研究のあ

り方を変革するためのわかりやすい道具として学校の授業スタンダードを教師集団に示し，それに基づいて授業を実践することを求めやすいのではないかと考えられる。

(4) 本章の分析の限界

本章は市区町村の授業スタンダードがある学校を対象としているため，市区町村の授業スタンダードがないにもかかわらず独自に授業スタンダードを作成している学校が分析の対象外になっていることに留意する必要がある。また，本章の分析では，ノートの取らせ方や板書の書き方といった内容が学校の授業スタンダードに盛り込まれる理由を明らかにすることができなかった。また，発問の仕方についても，本章で用いた自治体レベル変数との関連がみられなかった。これらを含めて，学校における授業スタンダードの作成事例を幅広く検討し直すことで，本章で検討した要因以外についての仮説をさらに生成・検証することが必要である。

さらに，本章の分析では，学校の授業スタンダードが作成される要因や，学校の授業スタンダードに盛り込まれる内容に影響する要因，そして学校の授業スタンダードの規範性を左右する要因を明らかにしたが，学校で作成された授業スタンダードを当該校の教師たちがどのように受けとめているのかについては検討できていない。そこで次章では，学校の授業スタンダードに対する教師たちの受けとめ方に着目する。

注
1) 自治体作成の授業スタンダードを自校化している学校では，かえって学習過程の形式化が生じているという事例もみられる（https://www.city.shibata.lg.jp/_res/projects/default_project/_page_/001/015/212/r2kyouikukikaku_rekito.pdf：最終閲覧日2021年3月30日）。
2) 自治体作成のものではあるが，例えば https://www.pref.fukushima.lg.jp/img/kyouiku/attachment/90_2203.pdf（最終閲覧日2021年5月5日）にみられる。

第6章　教師が学校の授業スタンダードを受容する程度とその要因

第1節　本章の目的

　本章の目的は，学校が作成している授業スタンダードが教師にどのように受けとめられているのか，またそれを規定する要因は何かを明らかにすることである。

　第4章では，市区町村の授業スタンダードが教師にどの程度受容され，どのような要因がそれを規定しているのかを検討した。本章では，第4章で示された結果と比較することを見据えて，学校の授業スタンダードに対する教師の受容度とその規定要因を分析する。

　分析にあたっては，基本的に第4章で投入した独立変数を踏襲する。しかしながら，第4章と本章では対象とする授業スタンダードが異なるため，第4章の分析枠組を若干修正する必要がある。例えば，学校の授業スタンダードを教師が受け入れる程度に対して，自治体要因が直接影響するとは考えにくいため，本章では自治体レベルを想定しない。ただし，第4章の結果を踏まえると，授業スタンダードの規範性と内容については，本章の分析においても有力な要因の一つとなり得る。したがって，本章では学校の授業スタンダードがもつ規範性と内容を学校レベル変数として投入する。また，先述したとおり，授業スタンダードは全国学力テストの成績に関して学校が独自に定める成果目標を達成するために作成され，教師の授業づくりの頼りにされる可能性がある。そのため，全国学力テストの成績に関わる成果指標の設定状況も学校レベル変数に含めて分析する。

第2節　本章の方法

本章でも，第4章や第5章と同じく，自治体調査と学校調査で得られたデータを用いる。本章の分析に使用した調査項目と設定した変数は，以下のとおりである。

■ 教師レベル変数

教職年数と授業づくりへの向き合い方については，第4章で用いた変数を用いた。

授業スタンダードの受容度：第4章の「授業スタンダードの受容度尺度」を用い，勤務校で作成・運用されている授業スタンダードについて5件法で回答を求めた（22項目）。第4章の分析では，探索的因子分析によって授業スタンダートの認知・実践と内面化の2因子構成と判断したが，この結果は市区町村作成の授業スタンダードに対するものであり，本章とは対象が異なる。そのため，学校作成の授業スタンダードの受容度がどのような概念で構成されているかを確認するために，改めて探索的因子分析を行った（図表6-1）。固有値の推移は12.01, 1.31, 1.01, 0.84であり，スクリープロットの形状と解釈可能性から3因子解が妥当と判断した。

第一因子は，「授業スタンダードが学校の中でどのように示されているか知っている」など，授業スタンダードの存在や内容を認知しているかどうかに関する項目が高い負荷量を示していることから，「授業スタンダードの認知」と命名した。

第二因子は，「授業スタンダードを体現できていると思う」など，授業スタンダードを普段の授業実践で活用しているかどうかに関する項目から構成されているため，「授業スタンダードの実践」と命名した。

第三因子は，「授業スタンダードと自分の価値観とのギャップを感じない」など，授業スタンダードの存在や内容を自分自身の価値や規範として受け入れる項目が高い負荷量を示していることから，「授業スタンダードの内面化」と命名した。分析では，教師ごとに各下位尺度の平均値を用いた。

図表6-1 学校作成の授業スタンダードに対する受容度尺度の因子パターン行列

		因子負荷量		
		F1	F2	F3
F1	授業スタンダードの認知 ($M=4.05$, $SD=0.63$, $a=.90$)			
6.	授業スタンダードが学校の中でどのように示されているか知っている	.86	.33	-.12
7.	授業スタンダードの内容を理解している	.75	.29	-.16
4.	授業スタンダードは,授業をする際の前提となるものと認識している	.74	-.16	.27
5.	授業スタンダードの必要性を理解している	.64	-.13	.42
1.	授業スタンダードの内容を覚えている	.59	.38	-.20
3.	授業スタンダードの成り立ちを知っている	.42	.39	-.12
11.	授業スタンダードを自分のこととして受けとめている	.36	.33	.26
F2	授業スタンダードの実践 ($M=3.69$, $SD=0.66$, $a=.91$)			
12.	授業スタンダードを体現できていると思う	.05	.75	.06
13.	普段は意識しないが,授業スタンダードが自分に根付いていると思う	.01	.67	.20
19.	自分の立場で何をすることが授業スタンダードの実現につながるのか理解している	.11	.64	.10
15.	授業スタンダードと自分の価値観にギャップがあったとしても解決する方法を持っている	.02	.63	.05
17.	授業スタンダードと自分の目標とのつながりを理解して,授業をしている	.01	.62	.26
8.	自分や他の教師が授業スタンダードに基づく授業をするために必要な提案を行っている	.23	.47	.03
18.	迷った時は,授業スタンダードに基づいて判断している	.08	.37	.31
9.	授業スタンダードを他の教師と共有しようと思う	.35	.36	.19
F3	授業スタンダードの内面化 ($M=3.76$, $SD=0.67$, $a=.90$)			
21.	授業スタンダードと自分の価値観とのギャップを感じない	-.09	.02	.88
20.	授業スタンダードの内容には共感できるものが多い	.01	.04	.84
10.	授業スタンダードと自分の価値観は似かよっている	-.05	.20	.76
2.	授業スタンダードの内容に納得している	.46	-.08	.51
14.	授業スタンダードは,学校組織の一員としての自分の価値観のベースになっている	-.03	.44	.47
16.	授業スタンダードに関する説明会や研修があれば積極的に参加したいと思う	-.10	.28	.42
	因子間相関 F2	.71		
	F3	.69	.72	

■ 学校レベル変数

　学校レベル変数のうち,授業スタンダードの規範性,学校の授業研究体制,校長・校内研究担当者の変革的リーダーシップ,学校としての全国学力テスト

の成績，成果指標の設定有無については，第4章や第5章のものを援用した。これらの変数に加えて，授業スタンダードの内容について，以下のとおりに変数を設定した。

授業スタンダードの内容：第5章の分析で用いた「授業進行（めあての提示，振り返りの時間の設置）」「ノートの取り方指導」「板書計画」「発問の仕方」「子どものわかる・できるを目指した授業づくり」の5項目について，ユークリッド距離による階層的クラスター分析を行い（Ward法），デンドログラムと解釈可能性から2クラスターが妥当と判断した。クラスター1には，授業スタン

図表6-2 授業スタンダードの内容の類型と該当学校数

クラスター	学校数	特徴
1．抽象型	69 (59.0)	「授業進行」「子どものわかる・できるを目指した授業づくり」が含まれるが，「ノートの取り方指導」「板書計画」「発問の仕方」についてはいずれか一つが含まれるだけか全く含まれない。
2．具体型	48 (41.0)	「授業進行」「子どものわかる・できるを目指した授業づくり」が含まれており，なおかつ「ノートの取り方指導」「板書計画」「発問の仕方」が複数含まれる。

図表6-3 各変数の記述統計量

	M	SD	Min	Max
教師レベル変数（$N=383$）				
認知	4.03	0.60	2.14	5.00
実践	3.68	0.63	1.25	5.00
内面化	3.74	0.65	1.33	5.00
教職年数	17.48	11.14	1	38
熟達志向	3.34	0.49	1.00	4.00
子ども志向	3.60	0.45	2.40	4.00
内発的動機づけ	2.88	0.54	1.00	4.00
学校レベル変数（$N=76$）				
学校種（0＝小学校，1＝中学校）	0.42	0.50	0	1
校長の変革的リーダーシップ	4.03	0.56	1.45	5.00
校内研究担当者の変革的リーダーシップ	3.91	0.45	2.60	5.00
授業研究停滞型（0＝非該当，1＝該当）	0.28	0.45	0	1
教師主体型（0＝非該当，1＝該当）	0.34	0.48	0	1
学力テスト成績	61.66	5.97	49.40	72.60
授業スタンダードの内容（0＝抽象型，1＝具体型）	0.41	0.49	0	1
授業スタンダードの規範性（0＝規範性弱，1＝規範性強）	0.75	0.44	0	1
成果指標の設定（0＝未設定，1＝設定）	0.79	0.41	0	1

ダードに「授業進行」「子どものわかる・できるを目指した授業づくり」といった概略的な内容が含まれるが，具体的な手立てはあまり含まれていなかった。一方で，クラスター2には，概略的な内容に加えて，「ノートの取り方指導」「板書計画」「発問の仕方」が多く含まれていた。この結果は，市区町村の授業スタンダードを対象にした第3章と同様の分類であるため，前者を「抽象型」，後者を「具体型」とした（図表6-2）。

以上の変数の記述統計量を図表6-3に示す。

第3節　本章の分析結果

(1) 級内相関係数

本研究で用いるデータは，教師が学校にネストされる階層的な性格をもつため，マルチレベル分析を行うべきかどうかを検討した。

まず，授業スタンダードの認知・実践・内面化を目的変数とし，独立変数を投入しないモデルのもとで，学校間でどの程度の差があるかを確認した。その結果，授業スタンダードの認知では0.11，授業スタンダードの実践では0.19，授業スタンダードの内面化では0.20の級内相関係数が確認された。いずれも級内相関係数が0.1を超えているため，階層性を考慮したマルチレベル分析を行うこととした。

(2) レベル間交互作用の検討

次に，集団平均中心化を施した上で個人レベル変数に教職年数，熟達志向，子ども志向，内発的動機づけを投入し，個人レベル変数の傾きに学校間差を想定すべきかどうかを検討した。授業スタンダードの認知を従属変数としたモデルでは熟達志向（$p<.05$）と内発的動機づけ（$p<.05$），授業スタンダードの実践を従属変数としたモデルでは熟達志向（$p<.01$），授業スタンダードの内面化を従属変数としたモデルでは内発的動機づけ（$p<.01$）の係数に有意差がみられた。

そこで，有意差がみられた個人レベル変数の傾きに学校間差を仮定しないモデルと仮定するモデルを比較した。尤比度検定の結果，授業スタンダードの認

知を従属変数としたモデルでは逸脱度が有意に低下せず（$\chi^2=5.69$, $df=5$, n.s.），授業スタンダードの実践（$\chi^2=0.18$, $df=2$, $p<.001$）と内面化（$\chi^2=15.55$, $df=2$, $p<.001$）を従属変数としたモデルでは逸脱度が有意に低下した。そのため，授業スタンダードの実践を従属変数としたモデルでは熟達志向の傾きに，授業スタンダードの内面化を従属変数としたモデルでは内発的動機づけの傾きに変量効果を想定することとした。

（3）各レベルの変数による影響

先のモデルに，学校レベル変数も加えて分析した（最尤推定法）。学校レベル変数については，自治体平均による中心化を行った。

授業スタンダードの認知を従属変数とした分析では，教師主体型と負の関連がみられた。また，熟達志向，子ども志向，内発的動機づけとの間には正の関

図表6-4　授業スタンダードの認知に対する各レベル変数の影響

固定効果	認知	
	b	SE
学校レベル変数		
規範性（0＝規範性弱，1＝規範性強）	−0.05	0.09
内容（0＝抽象型，1＝具体型）	0.01	0.07
校長の変革的リーダーシップ	0.13	0.07
校内研究担当者の変革的リーダーシップ	0.18	0.10
授業研究停滞型（0＝非該当，1＝該当）	−0.03	0.08
教師主体型（0＝非該当，1＝該当）	−0.16*	0.07
学力テスト成績	−0.01	0.01
成果指標（0＝未設定，1＝設定）	0.07	0.07
学校種（0＝小学校，1＝中学校）	−0.00	0.07
教師レベル変数		
教職年数	0.00	0.00
熟達志向	0.19*	0.09
子ども志向	0.26**	0.09
内発的動機づけ	0.17**	0.06
変量効果	分散成分	
切片	0.04	
残差	0.26	
逸脱度	656.91	
AIC	660.91	

*$p<.05$, **$p<.01$
1）標準誤差（SE）はロバスト標準誤差を用いた。

連が示された（図表6-4）。

　授業スタンダードの実践を従属変数とした分析では，授業スタンダードの規範性との間に負の関連が確認された。また，教職年数や子ども志向，内発的動機づけとの間には正の関連が示された。さらに，熟達志向と実践の関連に対す

図表6-5　授業スタンダードの実践に対する各レベル変数の影響

固定効果	実践	
	b	SE
学校レベル変数		
規範性（0＝規範性弱，1＝規範性強）	－0.19*	0.08
内容（0＝抽象型，1＝具体型）	－0.02	0.07
校長の変革的リーダーシップ	0.18	0.09
校内研究担当者の変革的リーダーシップ	0.23	0.12
授業研究停滞型（0＝非該当，1＝該当）	0.03	0.09
教師主体型（0＝非該当，1＝該当）	－0.08	0.08
学力テスト成績	－0.00	0.01
成果指標（0＝未設定，1＝設定）	0.11	0.09
学校種（0＝小学校，1＝中学校）	－0.04	0.08
教師レベル変数		
教職年数	0.01**	0.00
熟達志向	0.05	0.25
子ども志向	0.21**	0.07
内発的動機づけ	0.23***	0.07
熟達志向の係数		
規範性	－0.05	0.15
内容	0.11	0.12
校長の変革的リーダーシップ	－0.05	0.16
校内研究担当者の変革的リーダーシップ	0.16	0.20
授業研究停滞型	－0.19	0.15
教師主体型	－0.07	0.17
学力テスト成績	0.03*	0.01
成果指標	0.15	0.16
学校種	0.16	0.18
変量効果	分散成分	
切片	0.07	
熟達志向	－0.02	
共分散	0.01	
残差	0.26	
逸脱度	693.52	
AIC	701.52	

*p＜.05，**p＜.01，***p＜.001
1）標準誤差（SE）はロバスト標準誤差を用いた。

る学力テスト成績の調整効果が有意であった（図表6-5）。ただし，この交互作用について単純傾斜分析を行ったところ，学力テスト成績が±1 SDである場合の熟達志向にかかる偏回帰係数の値は，学力テスト成績が低い場合（＋1 SD）には−0.12，学力テスト成績が高い場合（−1 SD）には0.23であり，い

図表6-6　授業スタンダードの内面化に対する各レベル変数の影響

固定効果	内面化	
	b	SE
学校レベル変数		
規範性（0＝規範性弱，1＝規範性強）	−0.26**	0.08
内容（0＝抽象型，1＝具体型）	−0.14	0.07
校長の変革的リーダーシップ	0.19*	0.08
校内研究担当者の変革的リーダーシップ	0.20	0.11
授業研究停滞型（0＝非該当，1＝該当）	0.03	0.09
教師主体型（0＝非該当，1＝該当）	−0.14	0.08
学力テスト成績	−0.01	0.01
成果指標（0＝未設定，1＝設定）	0.04	0.08
学校種（0＝小学校，1＝中学校）	−0.12	0.08
教師レベル変数		
教職年数	−0.00	0.00
熟達志向	0.27**	0.10
子ども志向	0.15*	0.08
内発的動機づけ	0.27	0.29
内発的動機づけの係数		
規範性	−0.23	0.18
内容	−0.19	0.15
校長の変革的リーダーシップ	−0.18	0.19
校内研究担当者の変革的リーダーシップ	0.27	0.19
授業研究停滞型	0.27	0.16
教師主体型	−0.17	0.19
学力テスト成績	0.01	0.01
成果指標	0.14	0.16
学校種	−0.05	0.18
変量効果		
切片	0.03	
内発的動機づけ	−0.01	
共分散	0.04	
残差	0.26	
逸脱度	706.74	
AIC	714.74	

*$p<.05$, **$p<.01$
1）標準誤差（SE）はロバスト標準誤差を用いた。

ずれも有意な結果は示されなかった。

　授業スタンダードの内面化を従属変数とする分析では，校長の変革的リーダーシップ，熟達志向，子ども志向との間に正の関連が示された。一方で，授業スタンダードの規範性との間には負の関連が示された。なお，本研究の学校レベル変数では，内発的動機づけと内面化の関連に対して有意な調整効果を及ぼしているものはみられなかった（図表6-6）。

第4節　本章のまとめ

　本章は，学校が作成している授業スタンダードを教師が受容する程度とその規定要因について検討してきた。本章の分析によって得られた知見を以下に整理する。

（1）教師レベル変数の影響

　まず，教職年数が長い教師ほど授業スタンダードに基づいた授業実践を行っている傾向が示されたが，教職年数と授業スタンダードの内面化との関連はみられなかった。この結果は，市区町村の授業スタンダードを対象にした第4章の知見と同様のものである。そのため，学校の授業スタンダードに含まれている指導方法も，ベテランの教師にとって既有の知識やスキルであるか，従来の授業形態を転換させるためにベテラン教師が参照しやすいものであると考えられる。その一方で，ベテランの教師が必ずしも学校の授業スタンダードの存在や価値を鵜呑みにしているわけではないと推察される。

　また，熟達志向や内発的動機づけが学校の授業スタンダードの受容度と正の関連をもっていることについても，第4章と概ね同様の結果が得られた。熟達志向については，それが高い教師ほど授業スタンダードを認知・内面化しやすいことが示された。また，内発的動機づけについては，授業スタンダードの内面化との関係を調整する学校要因をさらに検討する必要があるが，内発的動機づけが高い教師ほど授業スタンダードを認知・実践しやすいことが示された。市区町村の授業スタンダードと同じく，学校の授業スタンダードも，特定の授業技術を獲得することに面白さや喜びを感じたり，そうすることで教師として

成長できると信じたりしている教師の拠り所にされやすいと解釈できる。

その一方で，子ども志向については，市区町村の授業スタンダードを対象とした第4章では教師の受容度との関連は確認されなかったが，本章では認知・実践・内面化との間に正の関連が確認された。本章の分析では，子どもの学力向上のために教科指導のあり方を学ぼうとする教師ほど，学校の授業スタンダードを認知・実践・内面化しやすいことが示された。

（2）学校レベル変数の影響

まず，教師によって主体的に授業研究が進められている学校の教師ほど，学校の授業スタンダードは認知されにくいことが示された。校内研究が停滞している学校では，学校の授業スタンダード以外の新たな情報が持ち込まれにくいのかもしれない。また，校内のリーダーシップが発揮されて外部講師を活用している学校では，校内研究担当者や外部講師など一部の者が授業づくりの情報を示しやすいと予想される。第5章の冒頭で述べたように，学校の授業スタンダードはミドルリーダーを中心に作成されることが多いため，こうした学校では，ミドルリーダーが学校の授業スタンダードを教師たちに周知したり，外部講師がその作成や周知を手助けしたりしている可能性がある。しかし，教師らが校内研究を進めている場合，自分たちの判断で授業づくりに関わるさまざまな情報を取り入れやすく，学校の授業スタンダードの存在感が薄れやすいと推察される。その一方で，第4章では，同様の校内研究体制の学校で勤務している教師は，市区町村の授業スタンダードを認知・実践しやすいとの結果が得られている。そのため，授業研究体制と授業スタンダードの受容度との関連については，市区町村のものと学校のものとで逆向きの結果が確認された。

また，学校の授業スタンダードが強い規範性をもつ場合には，教師は実践も内面化もしにくいことが明らかになった。この結果も，強い規範性を有する場合に教師は受容しやすいという市区町村の授業スタンダードに関する知見との違いがみられる。

さらに，校長が変革的リーダーシップを発揮している学校で勤務している教師は，学校の授業スタンダードを内面化しやすいことが確認された。第4章で

分析した市区町村の授業スタンダードの場合には，校内研究担当者が変革的リーダーシップを発揮している学校の教師ほど受容しやすいとの結果が得られている。すなわち，市区町村と学校の授業スタンダードとでは，教師が受容する程度に関わる要因として，変革的リーダーシップを発揮する主体が異なっていることが示された。

　以上のように，学校レベル変数については，市区町村の授業スタンダードに関する第4章の知見とは異なる結果が得られた。市区町村の授業スタンダードと学校の授業スタンダードとの間でなぜこうした違いがみられるのかについては，終章第2節で考察を試みる。

終章　総合考察

　序章で述べたように，授業スタンダードは，授業展開や指導方法を内容として含み，かつ強い規範性をもって教師の授業実践を規定するものとして，その是非が議論されてきた。しかしながら，これまでの研究は，授業スタンダードを単一のものとして捉えてきたきらいがある。そのために，授業スタンダードの内容や規範性には違いがあるのか，授業スタンダードを作成している自治体や学校にはどのような特徴がみられるのかといった点は明らかにされてこなかった。また，先行研究は，授業スタンダードが授業実践にもたらし得る影響を理論的に推考し，授業スタンダードの賛否を議論してきた。しかし，その議論において，授業スタンダードに対する教師の反応が多様である可能性には，ほとんど触れられてこなかった。

　そこで本書では，授業スタンダードには内容や規範性の面でどのようなパターンがみられるのか，どのような自治体や学校が授業スタンダードを作成しているのか，そして教師は授業スタンダードをどのように受けとめているのかを検討してきた。本章では，まず各章の分析によって得られた知見を改めて整理し，授業スタンダードの動向を総合的に説明する。そして，日本におけるスタンダードやスタンダード化の特徴を試論した上で，今後の「モノ」支援のあり方を模索する。

第1節　本書の知見

（1）授業スタンダードの内容と規範性

　本書では，先行研究の指摘を参考に，授業スタンダードの特徴として内容と規範性に着目した。第1章では授業スタンダードの内容，第2章では授業スタ

ンダードの規範性について検討した。

第1章では，都道府県によって作成された授業スタンダードを網羅的に分析することで，授業スタンダードに含まれている内容の傾向を分析した。その結果，授業スタンダードは学校というよりも教師を対象としたものであることが示された。また，子どもの学力定着のために，子どもの活動や振り返りといった授業展開や，ノート指導および板書や発問の仕方といった具体的な指導方法が含まれていることが明らかになった。

第2章では，市区町村の授業スタンダードを対象として，授業スタンダードの規範性の実態に迫った。指導主事などに対するインタビュー調査を通して，授業スタンダードには規範性の強弱があること，全国学力テストの結果に関する成果指標を設定している自治体ほど授業スタンダードに強い規範性をもたせている可能性が示された。

また，第2章の検討によって，授業スタンダードにもたせた規範性の強弱によって，自治体の志向する教師像や指導主事の役割が異なることも示唆された。授業スタンダードに強い規範性をもたせている自治体では，授業スタンダードに忠実であることを教師に求め，それが達成できているかを指導主事が確認していた。その一方で，弱い規範性にとどめている自治体では，教師が授業スタンダードに依存せず，普段の授業のなかから自分なりの授業を模索できるように促していた。

(2) 市区町村の授業スタンダードの作成状況と教師の反応

授業スタンダードの内容と規範性に関する知見を踏まえて，第3章と第4章では，市区町村における授業スタンダードの作成状況と教師の反応を量的に検討した。

第3章では，授業スタンダードを作成している市区町村の特徴，および市区町村の授業スタンダードにみられるパターンとその規定要因を検討した。質問紙調査の結果，授業スタンダードの作成有無について得られた回答のうち3割以上の市区町村で作成されていること，授業スタンダードを作成している市区町村は2008年度から増え始めて2015年以降に急増していることがわかった。ま

た，全国学力テストの結果に関する成果指標を設定している市区町村で授業スタンダードが作成されやすいことも明らかとなった。さらに，質問紙への回答状況から，若手教師の増加への対応も，市区町村の授業スタンダードが作成される要因であることが示唆された。

さらに，市区町村の授業スタンダードには，授業方略を具体的に提示しているものと概略のみを示しているものがあること，規範性の強弱があることが示された。これらの分類と授業スタンダードの作成動機との関連を検討したところ，学力向上が作成動機の場合には授業スタンダードに具体的な内容や強い規範性をもたせやすいこと，また若手教師の増加への対応が作成動機の場合には授業スタンダードの内容が具体的なものになりやすいことが明らかになった。

第4章では，市区町村教育委員会が作成した授業スタンダードを教師が受容する程度に，教師・学校・自治体の変数がどのような影響を及ぼすのかを検討した。

教師レベル変数については，教職年数が長い教師ほど授業スタンダードを認知・実践しやすいこと，教科指導を学ぶことに対する熟達志向が強い教師や内発的動機づけが高い教師ほど授業スタンダードを認知・実践・内面化しやすいことが示された。教職年数の長い教師は，既に獲得している指導方略を認知・実践しているか，あるいは従来の授業形態を転換させるために授業スタンダードを参考にしている可能性がある。また，熟達志向や内発的動機づけが高い教師が，独自の指導方略を追究することではなく，授業スタンダードに示されている特定の方略を獲得することに重きを置く場合，授業スタンダードを受容しやすくなるのではないかと考えられた。

学校レベル変数については，教師が主体的に授業研究に取り組んでいる学校の教師ほど，市区町村の授業スタンダードを認知・実践しやすいことが明らかになった。また，校内研究担当者の変革的リーダーシップが発揮されている学校では，教師が市区町村の授業スタンダードを認知・実践し，内面化しやすいことも示された。先行研究では，教師だけで授業研究に取り組むとき，教師たちは自分たちの教育観よりも指導方略に焦点を当てて議論しやすいと言われて

いる（坂本, 2013）。この指摘を踏まえると，教師たちが指導方略の獲得にだけ興味を示すとき，校内の授業研究の場が市区町村の授業スタンダードを普及させる場として機能する可能性があると考えられる。

　自治体レベル変数については，自治体が授業スタンダードに準拠した授業づくりを教師に求めている場合に，教師は市区町村の授業スタンダードを認知・実践し，内面化しやすいことが明らかになった。自治体から使用を求められると，教師が授業スタンダード以外の教育技術や教育的価値を吟味しづらくなる可能性が示唆された。

（3）学校の授業スタンダードの作成状況と教師の反応

　第5章と第6章では，学校における授業スタンダードの作成状況と，それを教師が受容する程度を検討した。本書では，自治体と学校の両方で授業スタンダードが作成されている学校を調査対象とした。

　第5章では，どのような学校が授業スタンダードを作成しているのか，学校の授業スタンダードの内容や規範性にはどのような特徴がみられ，それらの特徴を規定している要因は何かを検討した。

　まず，市区町村の授業スタンダードに含まれている内容が具体的であるほど，その自治体に所属する学校が授業スタンダードを作成しやすいことが明らかになった。市区町村の授業スタンダードに具体的な指導方略が含まれている場合，学校はその枠組を前提としつつ自校の実態により適したものを改めて作成しようとしていること，すなわち市区町村の授業スタンダードを自校化しようとしていることが示唆された。

　また，市区町村における全国学力テストの結果が高水準であったり，全国学力テストの結果に関する成果指標を学校として設定していたりする場合には，学校が授業スタンダードを作成しやすいことが示された。全国学力テストの成績が高い市区町村にある学校は，その卓越性を維持しなければならないと考え，子どもの学力向上を図るための学校施策として授業スタンダードを作成しているのかもしれない。加えて，全国学力テストの結果に関する目標を定めている学校は，それを達成するための手立てとして授業スタンダードを作成して

いる可能性がある。

　次に，学校の授業スタンダードの内容については，「発問の仕方」や「子どものわかる・できるを目指した授業づくり」と関連する要因が明らかになった。具体的には，校内研究を担当している者が変革的リーダーシップを発揮しているほど，また全国学力テストの結果に関する成果指標を設定している学校ほど，授業スタンダードに「発問の仕方」を盛り込みやすいことが示された。さらに，校内研究担当者が変革的リーダーシップを発揮しているほど，授業スタンダードの内容に「子どものわかる・できるを目指した授業づくり」が含まれにくいこともわかった。すなわち，ミドルリーダーが強力なリーダーシップを発揮していたり，子どもの学力向上を厳格に達成したりしようとする学校では，授業中に子どもたちに対してどのように問いかけるのかにまで踏み込んだ授業スタンダードが作成されている。その一方で，「子どものわかる・できるを目指した授業づくり」といった文脈依存的な内容は，その解釈や実践が個々の教師によって異なり，目標が不明確になりやすいため，ミドルリーダーが共通目標を設定して教師を動機づけようとしている場合には，授業スタンダードに含まれにくいと考えられる。

　また，学校の授業スタンダードの規範性については，校内研究担当者が変革的リーダーシップを発揮しているほど，学校の授業スタンダードが強い規範性をもっていることが示された。ミドルリーダーが校内研究を強く牽引しようとする際，学校の授業スタンダードはそのためのツールとして用いられ，教師はそれに準拠して授業を実践することが求められやすいことが明らかになった。

　さらに，第6章では，教師が学校の授業スタンダードを受容する程度に対して，どのような要因が関わっているのかを検討した。

　教師レベル変数については，市区町村の授業スタンダードを分析した第4章と同様に，教職年数が長い教師ほど授業スタンダードを実践しやすいこと，教科指導のあり方を学ぶことに対して熟達志向が強い教師ほど学校の授業スタンダードを認知・内面化しやすいこと，内発的動機づけが高い教師ほど学校の授業スタンダードを認知・実践しやすいことが示された。加えて，子どもの学力

向上のために教科指導について学ぼうとする教師ほど,学校の授業スタンダードを認知・実践・内面化しやすいことが明らかになった。

その一方で,学校レベル変数については,市区町村の授業スタンダードに対する教師の受容度を対象とした第4章の結果とは異なる知見が得られた。第6章の分析の結果,教師たちによって主体的に校内研究が行われている学校の教師ほど学校の授業スタンダードを認知しにくいこと,学校の授業スタンダードが強い規範性をもっているほど教師に実践・内面化されにくいこと,校長が変革的リーダーシップを発揮している学校の教師ほど学校の授業スタンダードを内面化しやすいことが示された。

第2節 市区町村と学校における授業スタンダードの実態

以上のように,授業スタンダードの作成と教師による対応をめぐって,市区町村と学校の授業スタンダードで共通している点や異なっている点がみられた。特に相違点については,市区町村と学校の授業スタンダードに関する知見を比較することで,なぜ異なる結果が示されたのかを解釈する必要があるだろう。そこで本節では,(1)なぜ授業スタンダードが作成されているのか,(2)何が授業スタンダードの内容を規定しているのか,(3)何が授業スタンダードの規範性を左右しているのか,(4)なぜ教師は授業スタンダードを受容する/しないのかの4項目から総合的に考察する。

(1) なぜ授業スタンダードが作成されているのか

本書の分析では,授業スタンダードの作成要因として,市区町村と学校のいずれにおいても,全国学力テストに関わるものが確認された。とはいえ,市区町村における全国学力テストの結果と市区町村としての授業スタンダードの作成との間に,また学校における全国学力テストの結果と学校としての授業スタンダードの作成との間に,関連がみられたというわけではなかった。市区町村と学校で共通して授業スタンダードの作成と有意な関連がみられたのは,全国学力テストの結果に関する成果指標の設定有無であり,これを設定しているほど,授業スタンダードを作成していることが示された。この結果に鑑みると,

市区町村や学校は自身の全国学力テストの成績の水準によって授業スタンダードの作成を決めているというよりも，子どもの学力向上を教育課題として認識して厳格に目標を達成しようとする際に，そのためのツールとして授業スタンダードを作成していると考えられる。

　全国学力テストの結果そのものよりも，それに対する自治体や学校の意識が授業スタンダードの作成に関わっている可能性は，市区町村としての全国学力テストの結果が高い場合に学校の授業スタンダードが作成されやすいという第5章の結果からもうかがえる。すなわち，学校は，自身の全国学力テストの結果の高低ではなく，他校も含めた市区町村全体の成績が高い場合に，それに貢献しようとして授業スタンダードを作成していると思われる。言い換えれば，市区町村全体の成績が高い水準にある場合に，その卓越性を維持する上で自校が足手まといになってはならないというプレッシャーを感じることにより，学校は授業スタンダードを作成するようになるのではないかと考えられる。

　以上の学力要因に加えて，市区町村の授業スタンダードに具体的な指導方略が含まれている場合，学校はさらにそれを自校化し，学校独自の授業スタンダードを作成しやすいことが示唆された。授業スタンダードの自校化が市区町村教育委員会の指導助言によるものなのか，学校が自主的に判断した結果なのかは，本書の知見からは定かではない。しかし，いずれにしても，市区町村の授業スタンダードは自治体が推奨している授業方略であり，学校がそれを応用して取り入れようとすることは，自治体にとって望ましいこととして捉えられているように推察される。また，市区町村の授業スタンダードに具体的な内容が含まれている場合には，個々の内容が自校の状況に合っているかどうかが詳細に検討され，必要に応じて見直されることが予想される。したがって，具体的な内容を含む授業スタンダードが市区町村から提示されている学校は，市区町村からどのような授業実践が求められているのかを敏感に感じ取り，その期待に応えるために，自治体の授業スタンダードの枠組と自校の実態を踏まえて，自校なりの授業スタンダードを作成する傾向があるのではないかと考えられる。

（2）何が授業スタンダードの内容を規定しているのか

　授業スタンダードの内容については，市区町村のものと学校のものとでは本書の分析モデルが大きく異なっているため，得られた知見を単純に比較することは難しい。それでもなお授業スタンダードの内容を規定している要因を見比べるならば，市区町村の授業スタンダードには若手教師の育成，学校の授業スタンダードには子どもの学力向上と校内研究担当者のリーダーシップが関わっていることを指摘できる。

　市区町村の授業スタンダードについては，若手教師の増加に対応するために作成されたものである場合，具体的な指導方略が含まれやすい。そのため，市区町村の授業スタンダードについては，必ずしも子どもの学力向上をねらって具体的な指導方略をもたせるというわけではない。どちらかと言えば，市区町村は，授業経験があまり多くなく授業づくりに苦慮するであろう若手教師に配慮して，彼らの授業力量を補ったり高めたりするために，授業スタンダードにわかりやすく具体的な内容を盛り込んでいると考えられる。

　しかし，学校の授業スタンダードの場合には，教師たちの授業力量というよりも，全国学力テストの結果に関する成果指標の設定が，「発問の仕方」という具体的な指導方略を含むこととに結びついていた。学校の場合，異動によって教師集団の構成が入れ替わりやすいために，教師たちの授業力量を理由として授業スタンダードの内容が決められることは多くないのかもしれない。その一方で，子どもの学力向上は，教師の異動とは関係なく，どの学校にも求められている。特に，全国学力テストの結果に関する成果指標を設定している学校では，子どもの学力向上に寄与する授業実践が強く要求されていることが予想される。そして，そうした学校では，子どもたちが一つひとつの授業で確実に学習内容を習得できるようにするために，子どもたちが授業中に何をすべきかを明確に指示したり，また子どもたちの学習意欲を高めるために効果的に発問したりすることが有効とされ，授業スタンダードの内容に位置づけられているのではないかと考えられる。

　さらに，学校の授業スタンダードの内容に対して，研究主任や教務主任と

いった校内研究担当者のリーダーシップスタイルが関わっていることも示された。第5章で述べたように，学校の授業スタンダードの作成には，校内研究担当者が深く関与していることが多い。そのため，学校の授業スタンダードにどのような内容を含ませるのかに対しては，校内研究担当者の意向が影響していると思われる。そして，第5章の分析によって，校内研究担当者が特定の目標を設定して教師たちの授業づくりを変革させようとしている場合には，学校の授業スタンダードの内容に発問の仕方が含まれやすいが，「子どものわかる・できるを目指した授業づくり」は含まれにくいことが示された。本章第1節でも述べたように，変革的リーダーシップを発揮している校内研究担当者は，学校の授業スタンダードが教師たちを強く導くためのツールとなるように，発問の仕方といった具体的でわかりやすい指導方略を授業スタンダードの内容に含めやすいのに対し，「子どものわかる・できるを目指した授業づくり」のように教師によって解釈や判断がわかれかねない抽象的な内容は避けやすいのではないかと考えられる。

（3）何が授業スタンダードの規範性を左右しているのか

また，授業スタンダードの規範性の強弱については，市区町村の授業スタンダードには子どもの学力向上が，学校の授業スタンダードには校内研究担当者のリーダーシップスタイルが関連していることが明らかになった。

第3章の分析では，子どもの学力向上のために作成された市区町村の授業スタンダードは強い規範性をもちやすいことが示された。子どもの学力向上を目的として授業スタンダードを作成している市区町村では，授業スタンダードに基づいて自治体内の教師たちの足並みを揃えることで，授業実践が均質化され，どの教師であっても確実に子どもの学力向上を達成できることがねらわれているのであろう。

一方で，学校の授業スタンダードの場合には，その内容だけでなく規範性の強弱に対しても，校内研究担当者のリーダーシップスタイルが影響を及ぼしている。授業のあり方をパッケージ化して教師たちに伝えることのできる授業スタンダードは，具体的な目標を設定して教師たちの授業づくりを変革させたい

ミドルリーダーにとって心強いツールとなりうる。あるいは，校内研究担当者自身が学校の授業スタンダード作成において中心的な役割を担いやすいことを踏まえると，教師たちの授業づくりを強く牽引しようとするミドルリーダーほど，時間と労力をかけて作成した授業スタンダードを，せっかくならば他の教師たちも活用してほしいと願うのかもしれない。

（4）なぜ教師は授業スタンダードを受容する／しないのか

さらに，本書では，授業スタンダードに対する教師の受容度にどのような要因が影響しているのかについて，教師個人の要因と自治体や学校といった集団の要因に着目して検討した。

教師個人レベルの要因については，市区町村と学校の授業スタンダードの双方において，ほとんど共通する結果がみられた。すなわち，教職年数の長い教師は，授業スタンダードを内面化するには至らないものの，授業スタンダードに含まれている指導方略を既に獲得しているために，あるいは「主体的・対話的で深い学び」といった新しい指導形態への転換を図るために，授業スタンダードを参考にした実践を行いやすい可能性が示された。また，自身の興味関心や授業力量の向上のために教科指導のあり方を学ぼうとする教師ほど，授業スタンダードを受容している傾向が明らかになった。加えて，学校の授業スタンダードは，市区町村のものよりもその学校の実情を踏まえて作成されていると推察されるため，子どもの学力向上のために教科指導について学ぶ教師によって受容されやすい可能性が示唆された。以上のように，教師個人の要因については，教師は授業づくりに関する自らの興味を満たそうとしたり，自らの授業力量を高めようとしたり，また子どもたちの学力を向上させようとしたりするために，授業スタンダードを頼りにしやすいということが確認された。このことから，教師は自分自身や子どもたちが成長する必要性を感じたときに，明確な拠り所と短期的な効果を求めて標準化に向かいやすいのではないかと考えられる。

その一方で，集団レベルの要因については，市区町村と学校の授業スタンダードとでは異なる結果が数多く示された。

まず，授業スタンダードに対する教師の受容度には教師による主体的な校内研究が関わっているものの，市区町村と学校の授業スタンダードでは逆向きの影響が確認された。すなわち，教師が主体的に授業研究に取り組んでいる学校の教師は，市区町村の授業スタンダードを認知・実践しやすいのに対し，学校の授業スタンダードについては認知しにくいことが示された。これらの結果を統合的に解釈するならば，授業スタンダードがもつ権威性による影響を指摘できる。教師の服務監督権者である市区町村教育委員会が作成した授業スタンダードは学校のものよりも強い権威性をもってみえるため，教師はそれを知っていたり実践できたりする必要があると感じる可能性がある。そして，自分たちで校内研究を進められる学校の教師は，授業研究停滞型や外部講師型の学校の教師に比べて，授業研究の場を通して市区町村の授業スタンダードをより意識しやすいのではないだろうか。反対に，学校の授業スタンダードは，あくまで同僚が作成したものであるために，市区町村の授業スタンダードに比べて権威性が弱いと考えられる。そのため，教師たちが主体的に校内研究を進めている学校では，学校の授業スタンダードのみならず，授業づくりに関するさまざまな情報が持ち込まれるだろう。したがって，そうした学校の教師は，授業研究停滞型や外部講師型の学校の教師に比べて，学校の授業スタンダードを忘れやすいと推察される。

　また，授業スタンダードの規範性についても，市区町村と学校の授業スタンダードとの間で，教師の受け入れ方が異なっていることが示された。市区町村の授業スタンダードが強い規範性をもっている場合には教師はそれを受容しやすいのに対し，学校の授業スタンダードが強い規範性をもっていたとしても教師はそれを受容しにくいという結果が得られた。この結果の理由としても，権威性の強弱が関わっていると考えられる。先述したように，学校の授業スタンダードはミドルリーダーを中心に作成されることが多い。そのため，市区町村と学校の授業スタンダードのいずれも，教師にとっては他者が作成したものであることに大差はないだろう。しかし，市区町村の授業スタンダードは教師には強い権威性を帯びてみえるため，その活用を強制された際に，教師はそれに

従うべきであると考える可能性がある。一方で，権威性の弱い学校の授業スタンダードに準拠するように求められた場合，教師は反発しやすいと考えられる。

　さらに，教師が授業スタンダードを受容する程度と学校内における変革的リーダーシップの発揮には有意な関連がみられたが，市区町村と学校の授業スタンダードとではリーダーシップを発揮する主体が異なっていた。具体的には，市区町村の授業スタンダードでは校内研究担当者，学校の授業スタンダードでは校長が変革的リーダーシップを発揮しているほど，その学校の教師によって受容されやすいことが示された。市区町村によって強く権威づけられている授業スタンダードは，ミドルリーダーにとって校内研究を牽引するための便利なツールになっていると考えられた。ただし，学校の授業スタンダードは市区町村のものに比べて権威性が弱く，変革的リーダーシップを発揮している校内研究担当者がその学校の教師を強く導くためのツールにはなりにくいため，第4章の分析では有意な結果が示されなかった可能性がある。その一方で，校内の教師を監督する立場にある校長が変革的リーダーシップを発揮している場合には，校長自身のもつ権威をもって，学校の授業スタンダードが教師たちに受け入れられるのではないかと推察される。

　これらの集団レベルの要因検討から，教師は市区町村教育委員会や校長のもつ権威に対して打算的に対応していることが予想される。教師は，市区町村教育委員会の授業スタンダードには従順な姿勢をみせる一方で，学校の授業スタンダードには反発したり忘れ去ったりしている。あるいは，学校の授業スタンダードであっても，校長が教師の授業づくりに介入するためのツールとして用いている場合には，教師はその方針を受け入れている。したがって，教師は授業スタンダードの内容を吟味して受け入れるかどうかを判断しているというよりも，授業スタンダードにもたらされている権威性の強弱を敏感に感じ取って対応を決めている傾向があるのではないかと考えられる。すなわち，授業スタンダードがそれほど権威性を帯びていない場合には，教師は自分自身の仕事に対して理不尽に介入されたくないと感じたり，授業スタンダードを気に留めな

かったりする一方で，強い権威性を帯びている場合には，それに従っておくほうが無難であると判断している可能性がある。

以上の考察を通して，教師は目的的，あるいは打算的に授業スタンダードを受けとめている可能性が示された。

第3節　授業スタンダードにみる日本の特徴

　本書は，近年の日本における教育のスタンダードやスタンダード化の中でも，授業スタンダードに着目して検討してきた。ただし，序章で述べたように，日本では「教員の資質・能力の一覧づくり」として教員育成指標の作成も進められている。そのため，本書の知見のみをもって，日本における教育のスタンダードやスタンダード化の全体像を論じることは適切ではないだろう。さらに，本書で得られた知見が，国際的に共通しているのか，あるいは日本に特有のものであるのかを示すためには，まずは国外における教育のスタンダードやスタンダード化を俯瞰的に整理することが必要であるが，この作業は本書の目的から逸れるものである。しかしながら，それでも日本における教育のスタンダードやスタンダード化の特徴を明らかにするための視座を得るために，本書によって示された知見をスタンダードやスタンダード化に関する従来の議論に位置づけてみたい。

　序章で整理したように，近年における教育のスタンダードやスタンダード化の背景には，子どもの学力保障とその効果を測定するための学力テスト政策がある。すなわち，多くの国では，子どもの学力がテストによって測定され，その改善を図るために子どもの学習や教師の資質・能力に関するスタンダードが作成されている。またそれと同時に，それらのスタンダードに基づいた教育実践が求められてもいる。子どもの学習に関するスタンダードについて言えば，日本では戦後を通して国が学習指導要領を策定し，子どもたちが何を学ぶべきかについての基準を示してきた。その一方で，新たな動向として，自治体や学校による授業スタンダードの作成が広がっている。そして，本書の分析では，市区町村や学校における授業スタンダードの作成や特徴に対して，全国学力テ

ストに関する要因が影響を及ぼしていることが示された。日本と他国ではスタンダードの現れ方が多少異なっているかもしれないが，学力テスト政策の影響がみられる点は共通している。

　授業スタンダードが全国学力テストの結果改善のために作成されたり特徴づけられたりしていることは，授業スタンダードの作成主体である市区町村や学校が全国学力テストの結果改善に動機づけられていることを意味している。こうした動きは，ボールがパフォーマティビティ（performativity）という言葉で指摘していることと一致している（Ball, 2003）。パフォーマティビティとは，「物質的および象徴的な報酬と制裁に基づくインセンティブ・管理・悔悟・変化の手段として判断・比較・明示を用いる，技術や文化，規制のモードである」（Ball, 2003）。教師や組織のパフォーマンスは，いくつもの尺度や目標に基づいて常に監視される。さらに，その結果がリーグテーブルというかたちで公表され，他者と比較されることを余儀なくされることで，「十分にできているのか，正しいことをしているのか，他者と同じくらいたくさん，あるいはうまくできているのかがわからなくなり，常に改善し，向上し，優れたものになろうとする」（Ball, 2003, p.216）。そして，教師や組織をパフォーマティブな存在にさせる要因の一つとして学力テスト政策が指摘されており（Ball, 2003; Katsuno, 2012; Perryman *et al*, 2011），本書でもこのことが裏づけられた。

　ただし，先行研究では学力テスト結果が思わしくない地域のほうがテスト中心の実践を展開しやすいと論じられているが（Hardy, 2021），本書の分析では全国学力テストの成績が低いことと授業スタンダード施策との直接的な関連はみられなかった。むしろ本書では，全国学力テストの結果に関する成果指標を設定し，学力テスト成績の維持や改善を意識化している市区町村や学校ほど，授業スタンダードを作成しやすいことが示された。この点に関わって，全国平均を上回ることを成果指標として設定している自治体の例が多く確認されている（北野, 2021a）。また，本書の分析では，全国学力テストの結果が高い市区町村に位置している学校ほど，授業スタンダードを作成していることも明らかになった。これらを踏まえると，全国学力テストで周りと同じくらいの成績を収

められているのかというプレッシャーが，授業スタンダードの作成に影響していると考えられる。また，全国学力テストの結果改善を作成動機としている場合，市区町村の授業スタンダードには強い規範性をもたせやすく，学校の授業スタンダードには具体的な指導方略を含ませやすいことも確認された。この知見も，全国学力テストで良好な成績を得るために「十分にできているのか」「うまくできているのか」に不安を感じ，授業実践を改善しなければならないと迫られることが，学校の作成する授業スタンダードの内容や規範性に影響している可能性を示している。以上を踏まえると，全国学力テストの成績そのものが授業実践に関するスタンダードの作成を規定しているというよりも，全国学力テストの成績を改善しようとする意識が直接的に影響していることが示唆された。このことが日本に特有の傾向なのか，あるいは他国にも共通してみられるものなのかについては，今後の検討が待たれる。

　また，日本の授業スタンダードは，財政的な動機づけや企業化がそれほどみられない点で，国外のスタンダードとは異なっていると思われる。序章で述べたように，アメリカやオーストラリアでは自治体がスタンダードを採用すれば連邦政府によって財政的な支援を受けることができるなど，スタンダードの採用と財政支援が直接に結びつけられている（Lewis *et al.* 2020）。序章で述べたように，日本では，授業スタンダードが作成された背景として，文部科学省によって公募された，全国学力テストの結果改善に関する委託事業の影響がある。当該事業においても，採択自治体に対して事業費が配分されているため，日本においても財政的な動機づけが全くないとは言い切れない。しかしながら，この委託事業は，短期間で任意性が高く，かつ授業スタンダードの作成や採用と事業費の配分が結びつけられているわけではない。また，序章でも触れたオーストラリアの「明示的な指導」に関して言えば，自治体や学校が教育コンサルタントから指導を受けるために，多額の費用を支払う必要がある（Hardy, 2021）。すなわち，国外では，学力テストの結果を改善するために有効とされる指導方略が商材とされていることもある（仲田, 2018）。しかし，日本の授業スタンダードは，自治体や学校によって作成されており，相互に参照されるこ

とはあっても，売買されることはない。

　さらに言えば，日本の授業スタンダードは，アメリカにおける教師の資質・能力スタンダードのように，自治体間団体や専門職団体によって作成されているわけでもない。先に述べたように，あくまで個々の自治体や学校によって策定されている。

　このようにみると，日本の授業スタンダードは，国外のものと比べて，個々の自治体や学校を単位とする「無償の善意」によって作成されている面があるように見受けられる。そしてそれゆえに，仲田（2018）が指摘しているように，授業スタンダードは「見様見真似」で作成されており，頑健なエビデンスに裏打ちされてはいないのかもしれない。

　こうした授業スタンダードの展開には，学習指導要領の存在と授業研究の実践といった，日本の歴史的・制度的・文化的な背景があるように思われる。日本では，1947年に「試案」として学習指導要領が作成されたものの，1958年からは「告示」形式をとることで法的拘束力が強化された。それ以降，各学校における教育課程編成は，教育課程の基準としての学習指導要領に基づくことが求められてきた。つまり，日本では，法的な拘束力を有するナショナル・カリキュラムが数十年にわたって策定されてきたために，教育課程編成における学校の裁量は限定的であり，多くの教師も学習指導要領に記された教育内容を前提とした授業づくりが要求されてきた。

　また，日本の教師は，自分たちの授業力量を高めるために，それぞれの学校において授業研究に取り組んできた。戦後間もない頃には，民間教育研究団体による授業研究が活発であったように，国家が示す方向性にとどまらない可能性をもった実践もみられた。しかしながら，学習指導要領の基準性が強化されてからは教育の目的・目標や内容がトップダウンに定められたことで授業研究が硬直化し，さらに2007年に全国学力テストが始まってからは「学力向上を目指す授業研究」が普及していったという（木村，2019）。

　以上のように，日本の学校や教師は，一方では教育の目的・目標や内容が国によって定められ，他方ではその枠組を前提としながらも望ましい授業づくり

を自分たちの手で研鑽してきたと言える。そして，全国学力テストの開始後には，その結果を改善するための方法が模索された。その過程で，学校や教師が研鑽の成果として授業スタンダードをまとめたり，学校や教師の手助けとなるように自治体が授業スタンダードを作成したりしている可能性がある。

　本書で示された授業スタンダードに対する教師の反応も，こうした歴史的・制度的・文化的な文脈によって解釈できるだろう。国外の研究では，スタンダードに従うことが求められている状況であっても，教師がスタンダードを鵜呑みにせずに，教育的な視点からスタンダードを問い直したり再解釈したりしていることが注目されている（Hardy, 2021）。もちろん，日本の教師の中にも，授業スタンダードに対して同様の姿勢で向き合っている者がいる可能性は否定できない。しかしながら，本書の分析では，日本の教師は授業スタンダードに対して目的的，あるいは打算的に受けとめていることが示唆された。子どもの学びや自身の成長のために授業スタンダードを受容している教師の存在は，向かうべき方向性を所与のものとして受け入れて努力しようとしてきた，ある種の真面目さを表している可能性がある。また，授業スタンダードのもつ権威に対して打算的に対応している教師は，学習指導要領の法的拘束力をはじめとする権威に従うことを当然のこととして刷り込まれてきた結果なのかもしれない。

第4節　授業スタンダードとボトムアップ／トップダウンの再考

　本節では，本書で得られた知見を踏まえて，改めて授業スタンダードの是非について考察した上で，教師の授業実践や学び合いを深めていくための方向性を示す。

　まず，全国学力テストに対する意識が授業スタンダードの作成や特徴に関わっていることは，「テストのための授業」の要求が広まっている証左であろう。学力テストで問われる内容が正統性を帯びることで，学力高位層の自治体や学校で行われている実践が，学力向上に有効とされる指導方法の「エビデンス」とみなされている（勝野, 2016; 仲田, 2018）。そして，学力調査で高い成果

を得るために，自治体や学校が「エビデンス」に基づいて授業スタンダードを作成し，教師に準拠させたり，具体的な指導方法を示し教師がそれに基づいて実践することを期待したりしていると考えられる。しかしながら，このような「エビデンス」に基づく学力テスト体制は，教師が教育的価値について考える機会を失わせ，授業実践を技術的な作業に矮小化させかねない（石井, 2015）。

　また，校内研究担当者が強いリーダーシップを発揮して，学校の授業スタンダードに強い規範性をもたせることにも，慎重さが求められるだろう。変革的リーダーシップは，カリスマ的リーダーが構成員を一定の目標に向けて動機づけようとするものであるが，一部の者だけがリーダーシップを発揮するという点で民主主義的であるとは言えず，さらにどのような目標に向かって組織として取り組んでいくことが望ましいのかは必ずしも問われていないという課題がある（勝野, 2020）。校内授業研究の方針を明確に定めて示すことこそが校内研究担当者に求められる役割であると指摘されることもあるが，どのような授業技術や教師の成長が望ましいのかを校内研究担当者が定めて伝達するだけのやり方では，教師の学びと成長を支えることは難しいだろう。強権的なリーダーシップのもとで授業スタンダードへの準拠が求められる場合，授業に対する教師一人ひとりの多様な考え方が尊重されなかったり，授業スタンダードの内容や価値が子どもの実態や教師の成長の観点からみて望ましいものであるかどうかが十分に吟味されなかったりすることで，教師たちは授業スタンダードによることでしか自分たちの授業実践を意味づけられなくなる可能性がある。

　さらに，発問などの具体的で「見える」教授スキルは，授業実践における省察や判断といった「見えない」実践的知識に裏づけられなければ，有効に働き得ない（丸山, 2012）。この指摘は，子どもの学力向上を目的とした授業スタンダードのみならず，若手教師の増加に対応するための授業スタンダードや，市区町村のものを自校化した授業スタンダード，校内研究担当者が変革的リーダーシップを発揮している学校の授業スタンダードといった，具体的な内容を含みやすい可能性が示されたことにもあてはまる。授業実践は，子どもの実態を質的に理解し，その場に応じて判断することが求められる営みである（石井,

2015）。授業スタンダードの作成によって教授スキルという「見える」ものを定式化したとしても，それが授業実践の場で十分に機能するとは限らず，むしろ実践的知識をいかに形成していくのかという視点が蔑ろにされるおそれがある。授業スタンダードに具体的な内容を含ませることで教師を技術的に熟達させるよりも，教師がその時々の文脈に応じて判断できるようにする必要があるだろう。

　それでは，授業スタンダードに頼りきりにならずに，いかに教師の授業実践や学び合いを深められるのだろうか。

　先行研究では，教師による自律的な学びに期待が寄せられている。すなわち，教師が自律的に教材研究と子ども研究を深めることで，授業実践の画一化を回避する必要性が指摘されている（子安, 2021）。確かに，教師が取り組むミッションは，他者から押しつけられるものではなく，さまざまな文化や書物，子どもたちの声に触れ，教師の考えや価値観が揺さぶられることを通して，教師自身のなかに立ち上がってくるものである（高井良, 2016）。また，授業研究を通して多様な考えをもつ教師たちが協同的に授業を省察し授業理念を探究しているのならば（坂本, 2013），授業研究の場で授業スタンダードだけが唯一の正しい授業技術であると考えられる心配もないだろう。しかしながら，本書の分析によって，教育委員会や管理職からの指示や命令がなくても，教師は自発的に授業スタンダードを受容しているという見方（勝野, 2016）が裏づけられた。すなわち，自分自身や子どもたちの学びに意欲的に取り組んでいる教師ほど，むしろ授業スタンダードから学び取ることに躍起になる可能性が示された。また，こうした教師が学校の大半を占めると，教師が学校の中で自分とは異なる考えをもつ同僚に出会いにくくなり，教師同士の学び合いが停滞するおそれもある。このことに鑑みると，教師によるボトムアップな学びのみによって授業の標準化を乗り越えることは難しいのではないかと考えられる。

　教師のボトムアップな学びのみで教師の専門性を維持することが難しい状況に対して，いかなる手立てがあり得るのか。三浦（2020）は，自然発生的かつ自発的な教師間の協働が期待できない場合の対応について，校長によるリー

ダーシップの発揮に可能性を見出している。しかし，三浦は同時に，校長のリーダーシップの強調が校内の民主主義を失わせ，教師の職務に対する動機づけを弱める危険性も指摘している。本研究でも，教師が市区町村教育委員会や校長のもつ権威に対して打算的に対応している可能性が示された。すなわち，教師を監督する立場にある者が教師の専門性を高めるために指導する場合，教師は指導の内容を十分に吟味しないままに監督者の権威に従属しようとするおそれがある。

　以上を踏まえると，教育委員会やスクールリーダーが教師の授業づくりをトップダウン的に牽引するのか，それとも教師個人や教師集団がボトムアップ的に授業づくりに取り組むのかという，二項対立的な議論に回収することは適切とは言えないだろう。教師の授業づくりに対する支援のあり方を考える上では，権威性を弱めながら，いかに教育委員会やスクールリーダーが教師の自律性の発揮と授業力量の向上を支えられるのかが重要になる。つまり，教育委員会やスクールリーダーが望ましい授業実践のあり方を提示して教師たちを牽引していくのではなく，より多様な授業実践の共有を通して教師の学び合いを活性化させる手立てを考える必要がある。

第5節　学校や教師の学びを繋ぐ「モノ」支援の可能性

　そのための一つの案として，学校間で授業実践をつなげるという方法があげられる。例えば，数校でチームを組み，教育委員会が設定した共通課題に基づきながら相互に学校を巡回するインストラクショナル・ラウンド（Instructional Rounds）がアメリカなどで実践され，日本でも注目されている（廣瀬ほか, 2015; 廣瀬ほか, 2019）。Teitel（2013）によれば，インストラクショナル・ラウンドは，行政や外部専門家によって決定された授業づくりの方針を教師が実行できているかどうかを確認するようなトップダウンの授業改善から脱却し，教師が学校を跨いで集団的に学び合うことをねらいとしている。ただし，インストラクショナル・ラウンドを実施したとしても，教育委員会やスクールリーダーが教師に対して学力テストの結果改善など目に見える成果を求める場合，

教師は学校巡回を通して「正しい実践」を見つけ出し，自らもそれに沿って実践しようとする可能性が指摘されている（Hargreavse & Fullan, 2012）。実際に，教育委員会の主導のもとで，学力向上を目標に学校間で授業実践が参照され，その成果として教育委員会が授業スタンダードを作成した事例も報告されている（廣瀬ほか，2015）。そのため，学校間で授業実践を共有するといっても，教育委員会が共通目標を一義的に定めたり，その目標を達成しているベスト・プラクティスを共有したりする方法では，「正しい実践」が方向づけられ，授業の画一化を招きかねない。

したがって，学校間で授業実践をつなぐ際には，教育委員会が示す一義的な目標のもとで，それを達成し得る授業実践を優れたものと位置づけ，普及させようとするのではなく，授業実践の背後にある学校・学級の文脈や教師の判断も含めて，多様な授業実践の蓄積・共有を促すことが重要である。この点については，ハーグリーブスとフランによる，専門職としての教師の資本に関する考察が参考になる。彼らは，教師の資本を，教師が教育実践を行う際に用いる知識やスキルとしての「人的資本」，互いに学び合うネットワークとしての「社会関係資本」，教師が自由裁量のもとで経験・実践・省察することを通して獲得・蓄積されていく「意思決定資本」に整理している。そして，教師は一人だけで人的資本を高めることはできず，また人的資本ばかりに着目していては画一的な実践に陥ってしまうため，社会関係資本や意思決定資本も不可欠であると指摘している。さらに，「意思決定資本は，多くの出来事や機会の中で，自ら判断を実行している同僚たちの洞察と経験を引き出すことによって高められる」（同上，木村ほか監訳，2022, p.208）という。それゆえに，授業実践の知識やスキルのみならず，学校や学級の状況をどのように捉え，どのように判断したかという経験も，学校間や教師間で共有することが重要である。

学校間のつながりや教師の資本に関する以上の議論では，主に授業研究が教師の学び合いの場として想定されている。ただし，学校間で授業を参観し合うことには，時間の確保や日程の調整といった課題もみられる（廣瀬ほか，2019）。もともと授業スタンダードが作成された背景には，ベテラン教師の大

量退職によって教師間の緩やかな学び合いが難しいために、効率的に若手教師の授業力量を高める動機があったと指摘されている（内山, 2016）。そのため、学校間で授業研究をつないで教師たちの学び合いを期待するだけでは、結局のところ手軽な授業スタンダードが活用され、学校間の学び合いが停滞する可能性がある。したがって、教師の人的資本・社会関係資本・意思決定資本を深め、学校内や学校間における協働を促すために、授業スタンダードに代わる「モノ」のあり方についても検討する必要がある。

第6節　授業スタンダードを超えて

　授業スタンダードを既に作成している自治体や学校にとって、それを問い直すことには抵抗があるかもしれない。しかし、一度は授業スタンダードを作成したものの、それによって生じた課題に向き合い、新たな「モノ」支援を模索している自治体が存在する。本節では、授業スタンダードに代わる「モノ」支援のあり方への手がかりを得るためにX市の事例を紹介し、前節の議論も踏まえて今後の「モノ」支援の方向性を提案する[1]。

　X市は、近畿地方の中部に位置している。X市では2015年に授業スタンダードが作成されたが、その背景には全国学力テストの成績と教師の授業力量への不安があった。授業スタンダードを作成する以前のX市における全国学力テストの結果では、全国平均と同程度の調査領域もあったが、全国平均に比べて低い水準にある調査領域もみられた。X市では、全国学力テストの成績に関する成果指標を設定してはこなかったが、児童生徒質問紙の項目については目標値を設定してきた。例えば、授業内容を理解できているかどうかに関する項目が数値目標の対象とされてきたが、理解できていると回答している子どもの割合は減少傾向にあった。さらに、授業のはじめに学習目標を提示できているかどうかについて教師と子どもとの間に認識の相違があったことや、若手教師が増加してきたことにも対応が迫られていた。これらの課題意識をもっていたところ、全国学力テストで良好な成績を収めている自治体への視察研修で授業スタンダードが活用されていることを知り、X市でも授業スタンダードを作成する

ことになった。授業スタンダードの作成にあたっては，まずX市教育委員会内でたたき台が練られた。その後，管内の小中学校の校内研究担当者によって構成される研究推進会議の議論も踏まえながら，授業スタンダードの詳細が練り上げられていった。

　X市の授業スタンダードには，授業展開のモデルや板書・ノートのフォーマットなどが含まれている。授業展開は学習課題の把握・個人や集団での活動・振り返りの3段階に分けられており，それぞれの段階では具体的な工夫の視点が箇条書きされている。また，板書・ノートのフォーマットについても，3段階を意識して具体的に整理されている。「非常にシンプルでわかりやすいものをと。どなたにでも，どこの学校でも取り組めるものをというかたち（X市教育委員会学校教育副課長に対するインタビューより引用）」でまとめられた。

　作成された授業スタンダードは，改めてX市教育委員会から研究推進会議に提示され，各学校における活用が求められた。すべての教科等において活用することを強制されてはいなかったが，X市授業スタンダードをもとに学校間・教師間で共通理解を図り，授業実践を揃えていくことが期待された。各学校でX市授業スタンダードが定着して2年目からは，X市授業スタンダードを踏まえながら，ほぼすべての学校で自校化された授業スタンダードが自発的に作成されていった[2]。

　しかしながら，校内研究担当者も巻き込みながら円滑に作成・導入されたX市授業スタンダードは，一定の効果を認められたものの，同時に課題を抱えていることも認識された。X市授業スタンダードが普及したことによって，特に若手教師については授業スタンダードに基づく授業改善が進んだようにみえた。しかしながら，その副作用として，授業スタンダードをこなすことが目的になってしまったという[3]。X市授業スタンダードに基づく授業改善によって，教師たちは授業スタンダードを基準とすることでしか授業実践を振り返られなくなり，子どもの姿についての語りが失われてしまった。こうした課題を踏まえて，X市は改めて目指すべき子ども像や学力観は何かというところに立ち戻って考え，X市授業スタンダードの見直しを始めたという[4]。

X市では，2030年以降の社会を生きていく子どもたちに求められる資質・能力を育成するためには，型に落とし込むのではなく真の意味で「主体的・対話的で深い学び」を実現していく必要があると考えた[5]。そして，従来の授業スタンダードに依拠する授業を実践したとしても，子どもたちの資質・能力を育むことは難しいとの結論に達した。そこでX市では，子ども一人ひとりの姿をみとることを促しながら，そのことを教師たちにも積極的に伝えるようになったという[6]。

　それと同時に，X市は，新たに「主体的・対話的で深い学び」の実現につながるリーフレットの開発に取り組み，2018年度末にまとめられた。このリーフレットは見開きになっており，左側には，「主体的・対話的で深い学び」が「子どもを惹きつける学習課題」「主体的な課題解決」「協同的な学び」の３つの視点から概念的に整理されている。さらに，それぞれの視点では，授業づくりにおける重点が示されている。例えば，「子どもを惹きつける学習課題」の視点では，「日常生活や生活体験，既習の学習内容と関連させて課題を設定しているか（学びと生活の相互関連）」といった項目が記されている。また，リーフレットの右側には，先の３つの視点ごとに教師による支援例が列挙されている。具体的には，「子どもを惹きつける学習課題」に関わって，「真実味や価値のある課題」などが例示されている。これらの支援例は，授業のユニバーサルデザインについて研究している学校の成果をもとに，指導主事や研究推進会議で検討されたものである。そして，従来の授業スタンダードとは異なり，新たなリーフレットには，授業展開の型や板書・ノートのフォーマットは一切みられない。その代わりに，X市としての「主体的・対話的で深い学び」の概念的な整理と，あくまで例としての指導方略が紹介されている[7]。

　ただし，新しいリーフレットの前にはX市授業スタンダードの活用が推奨されていたため，X市の教師の中には，X市授業スタンダードに記されている内容を正しい授業のあり方として信じてきた教師もいた。そのため，X市授業スタンダードから新しいリーフレットへと方針を転換することは，従来の授業スタンダードを頼りにしてきた教師たちにとって，足場を崩されたと捉えられか

ねない。それでも，X市は，こうした教師に対して，X市授業スタンダードが示してきたような授業形態は完全になくなるというわけではないものの，授業スタンダードに依存する授業実践では子どもたちに資質・能力を育むことはできないということを，慎重かつ丁寧に説明してきたという[8]。

　また，リーフレットに記されている授業づくりの重点にはチェック項目の様式がとられているが，網羅的に満たされることが期待されているわけではない。チェックがつけられたかどうかよりも，その視点から授業実践や子どもの学びがより深められたかどうかを質的に検討することが求められている[9]。

　聞き取り調査の時点ではX市のリーフレットが導入されて間も無く，学校現場でリーフレットが活用されたことによる効果を捉えることは難しい。しかし，学習課題に向き合う子どもたちの姿が変わってきたことを教育委員会の担当者は感じている[10]。そして，そうした子どもたちの姿においては，目に見える活発さとしての「外的活動における能動性」だけではなく，思考を巡らせている「内的活動における能動性」（松下, 2015）の面でも変容がみられている[11]。さらに，教師のみならず，指導主事も，これまで以上に子どもたちの姿を捉えながら指導助言するようになったという[12]。

　以上のように，X市は，シンプルでわかりやすい型としての授業スタンダードから，X市なりに「主体的・対話的で深い学び」を概念的に整理し，指導方略を例示するリーフレットへと方針を転換した。X市では，従来の授業スタンダードの反省から，育成すべき子どもの資質・能力を見据えた上で授業のあり方を概念的に探究すること，文脈に応じてどのような授業展開や指導方法を用いるかを判断することが重要であると考えた。これらのことに教師も気がつけるように，新しいリーフレットの内容も工夫されていた。具体的には，「主体的・対話的で深い学び」の概念的な整理を示すことにより，授業展開や指導方略のみを脱文脈的に取り出せないようにし，教師自身が授業づくりにおいて子どもに育成すべき資質・能力や授業のあり方を意識したり探究したりすることができるように促している。また，指導方略として複数あげられているものはあくまで例として位置づけられており，例示されていないものも含めて，教師

がその時々の文脈に応じてどのような指導方略を採用するのかを判断するよう求めている。そして，X市では，教師が子どもの資質・能力や授業のあり方について考えたり判断したりすることを重視しているが，それらが教師に丸投げされているわけではない。X市の「モノ」支援は，授業づくりに悩んでいる教師がそれらを深める手がかりとなるように，また一方では画一的な授業づくりにならないように配慮しながら，リーフレットやそれを活用した学校訪問が展開されている点で示唆的である。

ただし，前節の議論からみると，X市のリーフレットにもまだ改善の余地が残されているように思われる。X市のリーフレットは，「主体的・対話的で深い学び」について深められる可能性を秘めているものの，その他の授業実践の見方・考え方や教育課題への対応に興味関心を抱く教師がいた場合に，その教師をフォローしきれないように見受けられる。また，教師による支援例は研究指定校の成果をもとにしており，かつ匿名化されているが，研究指定校以外の学校における実践にも触れたり，どのような学校や教師が取り組んでいるのかも示したりすることで，学校間や教師間の学び合いをさらに促すことができると考えられる。加えて，教師による支援例の紹介では，アイデアを箇条書きにするだけではなく，なぜそのアイデアが生み出されたのか，それを実践したことでどのようなよさや難しさがあったのかまで記すことで，リーフレットを読んだ教師がその実践の背景や授業者の判断に深く思いを巡らせることができるだろう。

これらを踏まえて，例えば，成功事例のみならず，教師が課題を感じている授業実践やどのような成果が得られるかがまだわからない授業実践もとりあげた機関誌を自治体が作成して学校や教師に配布したり，オンライン上で共有したりすることも考えられる。それらによって，授業をうまく実践するポイントを紹介するというよりも，授業の計画や実施における教師の悩みや葛藤も豊かに盛り込むことで，同じ悩みや葛藤をもつ教師の励みになったり，その悩みや葛藤に一緒に向き合ってみたいという教師が出てきたりすることが期待できる。

また，こうした実践を取り上げるにあたって，スクールリーダーや指導主事には，日頃から教師の悩みや葛藤を理解しようと努め，その悩みや葛藤に向き合っている教師の実践を具体事例として見いだすことが求められる。そして，その実践の特徴や教師による判断がどのような意味をもつのかを教師とともに考え，教師の願いや悩みが学校内外の教師に伝わりやすくなるように事例の記述をサポートすることが必要であろう。さらに，指導主事は，そうした事例を学校間で橋渡ししていく役割を担うと同時に，多様な教育実践に触れることで，自治体が定める教育目標をも問い直すきっかけを得ることができるのではないだろうか。

第7節　本書の限界と今後の展望

　最後に，本書の限界と今後の展望として，以下の3つをあげる。
　一つ目に，授業スタンダードの作成状況を全体的に明らかにするためには，対象をさらに広げる必要がある。本書では，都道府県や市区町村，学校における授業スタンダードの作成を検討したが，教育事務所が作成している事例もみられる。また，本書は市区町村の授業スタンダードが作成されている学校を対象としたが，市区町村で授業スタンダードが作成されていなくとも，学校が独自に作成していることもある。これらの組織に対しても，授業スタンダードを作成しているかどうか，そして作成している授業スタンダードにどのような特徴がみられるのかについて調査を行う必要がある。
　二つ目に，授業スタンダードが作成されていない市区町村や学校で勤務している教師が，授業スタンダードをどのように受けとめるのかについても検討することが期待される。本書の分析は，市区町村や学校で授業スタンダードが作成されている教師を対象としている。そのため，本書で示された知見が，教師一般の受けとめ方とまでは言い切れない。この点に関わって，前岡・赤木（2022）は，授業スタンダードが作成されていない学校で勤務している教師が授業スタンダードを支持する可能性を示している。前岡と赤木による調査では，子どもの学習規律が授業スタンダードの内容として位置づけられており，

本書の定義とは異なっている。しかしながら，前岡と赤木による知見は，本書で調査対象としきれなかった教師も，子どもの学びのために授業スタンダードを肯定的に捉え得ることを示唆している。したがって，授業スタンダードに初めて出会う教師がどのような反応を示すのかについても，さらなる検討が待たれる。

　三つ目に，長い目でみたときに，授業スタンダードに対する教師の受けとめ方はどのように変容するのかを検討することも重要であろう。本書の分析によって，一時点における教師の受けとめ方は明らかにされた。しかしながら，授業スタンダードの受けとめ方が常に一定であるとは限らない。当初は授業スタンダードの示す授業展開や指導方法に好意的な教師が，それだけではうまくいかない経験を繰り返すうちに，授業スタンダードの内容を疑い出すこともあるかもしれない。反対に，授業スタンダードの内容に懐疑的な教師であっても，授業スタンダードに準拠した授業づくりが求められ続けるうちに，授業スタンダードに疑問を感じなくなることも想定される。そのため，授業スタンダードが教師としてのアイデンティティを変容させる可能性を中長期的に検証することが求められる。

注
1) 2020年1月7日にX市教育委員会学校教育課の副課長（当時）にインタビュー調査を行った。なお，X市における施策の名称などについては，自治体が特定されないように，意味合いが異ならない範囲内で文言を修正した。
2) X市の授業スタンダードが円滑に学校によって受け入れられたことについて，X市教育委員会の学校教育副課長は「自分（校内研究担当者）もそれに参加いただいている……当事者意識って生まれるので，この中に自分の声が入っているものっていうのは大切にしますよね。そうなってきたらより学校に降ろしやすい。なので，トップダウンの間に推進会議を挟んでいるのが一つメリットかなというように思います。そこから独自版というのは愛情の表れだと思う」と説明している。
3) 「振り返りの中で，スタンダードの授業に合った授業ができていましたといった評価があったりとか，最後に15分間振り返りの時間があったことがよかったと思いますとか，スタンダードをこなしていれば丸と。その中に子どもの姿が出てこない。わかっていたとか，あの子悩んでいましたよっていう，課題とか。それから，あの子発表の時はわからないんだけれども，自分でやり始めたらそうかと言ってできましたというのが本当の評価であるべきなのに，どちらかといえばこのパターンの評価に沿っているか沿っていないかとか，10分確保できなかったのが課題であったとかというようなことに，目に見えるもの，わかりやすいからわかりやすいことだけが評価の中に出てきてしまって，それを追いかけるというふうになったというのが一番大きなデメリットというか課題というように思います。こなすことが目的となったと（X市教育委員会学校教育副課長に対するインタビューより引用。下線は筆者による）。」

4)「これまでスタンダードに取り組んでいましたが，今後子どもたちにつける資質っていうのはこのようなことになりますよねと（研究推進会議で）話をして。それと，今までやっていたものから子どもたちへつける力が変わるので，やっぱり大事にしたいのは学び続けるとか，新しい価値を創造するとか，社会で自律する力ですよね。そうなってきたら，教師主導でなんとか学力を向上するというか，学力を保障するための授業プランだけで子どもたちが本当にこれからの社会で生きていけるかっていったら，やはり指示待ちであったりとか，先生主導の授業の中で主体性というのが本当に生まれてくるんですかねと。これからはもっと未知の課題にぶつかった時に失敗してももう一回繰り返してやろうとか，友達と助け合ってやってみようとかっていう授業ですよね，そうなってきたらこの授業のパターンでは子どもたちが将来生きる力をつけることはなかなか難しいですよねと。教師主導の授業から脱却していくことが大事ですよねというお話をしました……2030年に子どもたちにつける力はということでご理解いただいたのではないかなというように思っております（X市教育委員会学校教育副課長に対するインタビューより引用。下線は筆者による）。」

5)「新学習指導要領が平成29年に提示されて，主体的・対話的で深い学びと言われる中で，（X市授業スタンダードが）本当に目指す子ども像を達成するために良い授業……であるかというような振り返りをしました（X市教育委員会学校教育副課長に対するインタビューより引用。下線は筆者による）。」

6)「これ（X市授業スタンダード）にとらわれてしまわないということをしきりにアナウンスしました。研究推進会議でも言わせてもらったり，校内研修に呼ばれたときは最近の課題はこういうことですよと，学校の先生方これにとらわれすぎていませんかと。こっちも個別に子どもを見ていて，あの子わかっていっていましたよとか，この子はわからないまま授業が終わったんではないですかとかっていうような，もう一度子ども一人ひとりをみとるっていうことがどれだけ大事かっていう視点に戻りましょうというような（X市教育委員会学校教育副課長に対するインタビューより引用。下線は筆者による）。」

7)「先生方も真面目なので，主体的な授業ってなんだろうと，対話的な授業ってなんだろうと，深い学びってどういう授業なのっていう問いをよくされます。その中でうちがご提示させていただいたのは，今までは時間を区切ったような，パターンでお示ししていたのを，子どもたちにそういうふうな学びを実現するためにはこの3つですよねということで。(授業スタンダードと)似ているところもありますし，それと今までの形に囚われるのではなく，本当に子どもにこういう力をつけるためにはどういうことをしていけば良いのかということを，今までは形で示していたのを，教師の支援例というかたちで提示をしました。それは，ユニバーサルの視点での授業改善でかなり成果をあげた学校が出てきましたので，その視点も加味しながらこういう部分でしていくことは大事なんですよと。教師はなんでも子どもたちにしてやらなければというようなことを思ってしまいがちなので，こういうところは大切にするけれども，こういう部分については考えさせたりとか，もっとこういうようなことを感じ取れるような授業をしていきませんかというような，両面作っているというように思っております。そこが大きな違いかなというように思います（X市教育委員会学校教育副課長に対するインタビューより引用。下線は筆者による）。」

8)「こちらもこれ（X市授業スタンダード）を取り組んでほしいというようなことをずっと3年間言い続けて，これだけ浸透したというか，若い先生にもわかってもらうというようになった中で，方向を転換する方法っていうのは丁寧に慎重にしていなければいけないというふうに思いました。校長会とか推進会議とか校内研究，絶えずその場でアナウンスし続けていきました。それで，否定をするわけではないんです，こういう授業も今でもあると思います。ただ，こればかりをやっていて今言ったような力が子どもたちにつくかと言われらたつきませんよねというあたりというように思います（X市教育委員会学校教育副課長に対するインタビューより引用。下線は筆者による）。」

9)「今日は他者との学びに一番力点を置くならば，その視点の中のどの項目っていうふうに見ていただいた方が良いかと思うんで。大きくたくさんつくのが良いという授業よりも，これをさらに深くして，子どもたちが本当に学び合いでわかったとか，できるようになったというのが良い授業というように捉えております（X市教育委員会学校教育副課長に対するインタビューより引用。下線は筆者による）。」

10)「活動の動きというだけではなくて,子どもがどれだけ学びに主体的に向かっているか,自分で解こうとか,そういうような気持ちは先生方が上手に課題提示をしていただいたり,学級経営をしていただいたりしているおかげかなというふうには思っております(X市教育委員会学校教育副課長に対するインタビューより引用。下線は筆者による)。」

11)同上。

12)「指導主事なんかが,私も授業何回か行かせていただいているのですが……具体例をもとにお話をさせてもらうことがよくあります。その中で,めあての提示はされましたが,本当にみんながめあてを理解されましたかとか,それからやってみたいというような提示をするためにはこういう工夫をちょっとすればもっと食いついたんじゃないですかっていうところですよね。なので,結構スタンダード以上に子どもの姿を語るように自分自身がなったかな……。子どもを見て,子どもの目とか表情とか態度とか,やっぱり集中している時って体がとまっていたりとか,それから全体的にグッと高まるような雰囲気というものを感じるので,そのあたりをお話させてもらっていることが多いですね(X市教育委員会学校教育副課長に対するインタビューより引用。下線は筆者による)。」

引用文献

〈和文〉

青木栄一（2018）「教育の政策共同体がスタンダードを求める背景を探る」『日本教育行政学会年報』第44号，pp.2-8。

青木麻衣子（2017）「6．オーストラリア」国立教育政策研究所『諸外国における教員の資質・能力スタンダード』，pp.61-72。

秋田喜代美（2017）「授業づくりにおける教師の学び」佐藤学・秋田喜代美・志水宏吉・小玉重夫・北村友人編『学びとカリキュラム』岩波書店，pp.71-104。

秋田喜代美・キャサリン・ルイス（2008）『授業の研究 教師の学習』明石書店。

石井英真（2015）「教育実践の論理から『エビデンスに基づく教育』を問い直す」『教育学研究』第82巻第2号，pp.30-42。

内山絵美子（2018）「学校現場における授業スタンダードの普及」『日本教育行政学会年報』第44号，pp.62-79。

勝野正章（2007）「教育の目標設定と質の保障」『日本教育政策学会年報』第14号，pp.8-21。

勝野正章（2016）「自治体教育政策が教育実践に及ぼす影響」『日本教育政策学会年報』第23号，pp.95-103。

勝野正章（2020）「11 学校におけるリーダーシップ」勝野正章・村上祐介『教育行政と学校経営』放送大学教育振興会，pp.187-202。

川口俊明（2009）「マルチレベルモデルを用いた『学校の効果』の分析」『教育社会学研究』第84集，pp.165-184。

北田佳子（2017）「教育の『定型化』に挑む教育実践研究の歩み」日本教育方法学会編『学習指導要領の改訂に関する教育方法学的検討』図書文化，pp.98-111。

北野秋男（2021a）「第1章『競争』と『評価』に向かう日本の学力テスト政策」佐藤仁・北野秋男編『世界のテスト・ガバナンス』東信堂，pp.18-38。

北野秋男（2021b）「終章 世界の学力テスト・日本の学力テスト」佐藤仁・北野秋男編『世界のテスト・ガバナンス』東信堂，pp.225-234。

木村優（2019）「1-1 授業研究の誕生と成長」木村優・岸野麻衣『授業研究』新曜社，pp.6-11。

国立教育政策研究所（2011）『教員の質の向上に関する調査研究報告書』。

木場裕紀（2020）「アメリカにおける学習スタンダードの現在地」『日本教育政策学会年報』第27号，pp.195-201。

子安潤（2016）「子どもの未来をひらく授業づくり」竹内常一編集代表，子安潤・坂田和子編著『学びに取り組む教師』高文研，pp.28-29。

子安潤（2017）「教育委員会による教員指標の『スタンダード化』の問題」『日本教師教育学会年報』第26号，pp.38-45。

子安潤（2021）『画一化する授業からの自律』学文社。

坂田仰（2018）「残された課題」『日本教育行政学会年報』第44号，pp.82-86。

坂本篤史（2013）『協同的な省察場面を通した教師の学習過程』風間書房。

佐藤仁（2017）「5．アメリカ」国立教育政策研究所『諸外国における教員の資質・能力スタンダード』pp.47-59。

佐藤仁（2018）「第5章 アメリカ」国立教育政策研究所『諸外国の教員養成における教員の資質・能力スタンダード』pp.41-49。

澤田敬人（2021）「第5章 オーストラリアにおける学力テストと学校予算の関係性」佐藤仁・北野秋男編『世界のテスト・ガバナンス』東信堂，pp.104-117。

清水裕士（2014）『個人と集団のマルチレベル分析』ナカニシヤ出版。

全国学校データ研究所（2018）『2019年版 全国学校総覧』原書房。
高井良健一（2016）「教師の経験世界」佐藤学・秋田喜代美・志水宏吉・小玉重夫・北村友人編『学びの専門家としての教師』岩波書店，pp.83-109。
高橋哲（2021）「第3章 米国のハイステイクスな学力テスト活用モデル」佐藤仁・北野秋男編『世界のテスト・ガバナンス』東信堂，pp.59-79。
高山昇（2017）「アクティブ・ラーニングをどのように受け止め，授業実践に活用していくのか」『教育学雑誌』第54号，pp.81-92。
露口健司（2008）『学校組織のリーダーシップ』大学教育出版。
仲田康一（2018）「『スタンダード化』時代における教育統制レジーム」『日本教育行政学会年報』第44号，pp.9-26。
波多野誼余夫・稲垣佳世子（1983）「文化と認知―知識の伝達と構成をめぐって」坂元昂編『現代基礎心理学7 思考・知能・言語』東京大学出版会，pp.191-210。
樋口耕一（2014）『社会調査のための計量テキスト分析 内容分析の継承と発展を目指して』ナカニシヤ出版。
姫野完治（2017）「教育のスタンダード化と教師教育の課題」日本教育方法学会編『学習指導要領の改訂に関する教育方法学的検討』図書文化，pp.126-138。
廣川佳子・宮崎弦太・芳賀繁（2015）「経営理念浸透尺度作成の試み」『産業・組織心理学会大会発表論文集』pp.69-72。
廣瀬真琴・宮橋小百合・木原俊行・森久佳・深見俊崇・矢野裕俊（2015）「新たな専門的な学習共同体のネットワーク化としての Instructional Rounds」『大阪市立大学教育学会教育学論集』4，pp.17-29。
廣瀬真琴・森久佳・宮橋小百合（2019）「Instructional Round の日本における試行と評価」『鹿児島大学教育学部研究紀要．教育科学編』第70巻，pp.249-261。
福田敦志（2017）「授業のスタンダード化と教育実践の課題」日本教育方法学会編『学習指導要領の改訂に関する教育方法学的検討』図書文化，pp.112-125。
前岡良汰・赤木和重（2022）「小学校教師は授業スタンダードを採用したいのか」『心理科学』43(2)，pp.106-115。
松下佳代（2015）「ディープ・アクティブラーニングへの誘い」松下佳代・京都大学高等教育研究開発推進センター編『ディープ・アクティブラーニング』勁草書房，pp.1-27。
丸山範高（2012）「発問行為を支える国語科教師の実践的知識の構造」『教師学研究』11，pp.23-33。
三浦智子（2020）「第3章 学校の管理と経営」勝野正章編『教育の法制度と経営』学文社，pp.41-57。
三和秀平・外山美樹（2015）「教師の教科指導学習動機尺度の作成およびその特徴の検討」『教育心理学研究』63(4)，pp.426-437。
宗像誠也（1954）『教育行政学序説』有斐閣。
山下絢（2021）『学校選択制の政策評価』勁草書房。
吉村春美・木村充・中原淳（2014）「校長のリーダーシップが自律的学校経営に与える影響過程」『日本教育経営学会紀要』第56号，pp.52-67。

〈英文〉

Argyris, C., & Schön, D. (1978). *Organizational Learning: A Theory of Action Perspective*. Addison-Wesley.
Ball, S. J. (2003). The teacher's soul and the terrors of performativity. *Journal of Education Policy*, 18(2), 215-228. https://doi.org/10.1080/0268093022000043065
Ball, S. J., Maguire, M., & Braun, A. (2012). *How Schools Do Policy: Policy Enactments in Secondary Schools*. Routledge.
Bowker, G., & Star, S. L. (1999). *Sorting things out: Classification and its consequences inside*

technology. The MIT-Press.
Brusson, N., & Jacobsson, B.(2000). *A world of standards*. Oxford University Press.
Busch, L.(2011). *Standards: Recipes for reality*. MIT Press.
Cochran-Smith, M.(2005). Teacher Education and the Outcomes Trap. *Journal of Teacher Education*, *56*(5), 411-417. https://doi.org/10.1177/0022487105282112
Hamilton, L. S., Stecher, B. M., & Yuan, K.(2009). Standards-based Reform in the United States: History, Research, and Future Directions. *RAND Corporation*. https://www.rand.org/content/dam/rand/pubs/reprints/2009/RAND_RP1384.pdf
Hardy, I.(2021). *School reform in an era of standardization: Authentic accountabilities*. Routledge.
Hargreaves, A.(2000). Four Ages of Professionalism and Professional Learning. *Teachers and Teaching*, *6*(2), 151-182. https://doi.org/10.1080/713698714
Hargreaves, A. & Fullan, M.(2012). *Professional capital: Transforming teaching in every school*. Routledge.（木村優・篠原岳司・秋田喜代美監訳（2022）『専門職としての教師の資本』金子書房）
Higgins, V., & Larner, W.(2010). Standards and standardization as a social scientific problem. In V. Higgins & W. Larner(Eds.), *Calculating the social: Standards and the reconfiguration of governing*(pp.1-17). Palgrave Macmillan.
Ingvarson, L.(1998). Teaching standards: Foundations for professional development reform. In A. Hargreaves, A. Lieberman, M. Fullan & D. Hopkins(Eds.), *International handbook of educational change*(pp.1006-1031). Kluwer.
Katsuno, M.(2012). Teachers' Professional Identities in an Era of Testing Accountability in Japan: The Case of Teachers in Low-Performing Schools. *Education Research International*, 2012, 930279. https://doi.org/10.1155/2012/930279
Landri, P.(2018). *Digital governance of education: Technology, standards and Europeanization of education*. Bloomsbury Publishing.
Landri, P.(2022). Waves of Standardisation. In H. Riese, L. T. Hilt & G. E. Søreide(Eds.), *Educational Standardisation in a Complex World*(pp.25-42). Emerald Publishing Limited. https://doi.org/10.1108/978-1-80071-589-920221002
Lawn, M.(2011). Standardizing the European Education Policy Space. *European Educational Research Journal*, *10*(2), 259-272. https://doi.org/10.2304/eerj.2011.10.2.259
Lewis, S., Savage, G. C., & Holloway, J.(2020). Standards without Standardisation? Assembling standards-based reforms in Australian and US schooling. *Journal of Education policy*, *35*(6), 737-764. https://doi.org/10.1080/02680939.2019.1636140
Lingard, B.(2021). Enactments and resistances to globalizing testing regimes and performance-based accountability in the USA. In S. Grek, C. Maroy & A. Verger(Eds.), *World Yearbook of Education 2021: Accountability and Datafication in the Governance of Education*(pp.279-293). Routledge.
Little, J. W.(2003). Inside Teacher Community: Representations of Classroom Practice. *Teachers College Record*, *105*(6), 913-945. https://doi.org/10.1111/1467-9620.00273
OECD.(2005). *Teachers Matter: Attracting, Developing and Retaining Effective Teachers-Final Report*. OECD.
Perryman, J., Ball, S., Maguire, M., & Braun, A.(2011). Life in the Pressure Cooker-School League Tables and English and Mathematics Teachers' Responses to Accountability in a Results-Driven Era. *British Journal of Educational Studies*, *59*(2), 179-195. https://doi.org/10.1080/00071005.2011.578568
Polikoff, M.(2021). *Beyond Standards: The fragmentation of education governance and the promise of curriculum reform*. Harvard Education Press.
Rasmussen, P.(2022). Ambiguities of Standardisation in Education. In H. Riese, L. T. Hilt & G. E.

Søreide (Eds.), *Educational Standardisation in a Complex World* (pp. 43-60). Emerald Publishing Limited. https://doi.org/10.1108/978-1-80071-589-920221003

Riese, H., Søreide, G.E., & Hilt, L.T. (2022). Introduction: How to Frame Standards and Standardisation in Education. In H. Riese, L. T. Hilt & G. E. Søreide (Eds.), *Educational Standardisation in a Complex World* (pp.3-23). Emerald Publishing Limited. https://doi.org/10.1108/978-1-80071-589-920221001

Rose, N. (1999). *Powers of freedom: Reframing political thought*. Cambridge University Press.

Ryan, M., & Bourke, T. (2013). The teacher as reflexive professional: making visible the excluded discourse in teacher standards. *Discourse: Studies in the Cultural Politics of Education, 34*(3), 411-423. https://doi.org/10.1080/01596306.2012.717193

Sachs, J. (2003). Teacher Professional Standards: Controlling or developing teaching? *Teachers and Teaching, 9*(2), 175-186. https://doi.org/10.1080/13540600309373

Salton, Y. (2019). *Images of the teacher self in an era of teacher quality and standardisation*. [Doctoral thesis, University of Southern Queensland]. https://doi.org/10.26192/ymah-dp76

Savage, G., & Lewis, S. (2018). The phantom national? Assembling national teaching standards in Australia's federal system. *Journal of Education Policy, 33*(1), 118-142. https://doi.org/10.1080/02680939.2017.1325518

Schön, D. (1983). *The reflective practitioner: How Professionals Think in Action*. Basic Books.（佐藤学・秋田喜代美訳（2001）『専門家の知恵―反省的実践家は行為しながら考える』ゆみる出版）

Teitel, L. (2013). *School-Based Instructional Rounds: Improving Teaching and Learning Across Classrooms*. Harvard Education Press.

Timmermans, S., & Eptstein, S. (2010). A world of standards but not a standard world: Toward a sociology of standards and standardization. *Annual Review of Sociology, 36*(1), 69-89. https://doi.org/10.1146/annurev.soc.012809.102629

Yinger, R. J., & Daniel, K. L. (2010). Accreditation and standards in teacher education. In P. Peterson, E. Baker & B. McGaw (Eds.), *International encyclopedia of education* (3rd ed., pp. 495-502). Elsevier.

初出一覧

序　章　書き下ろし
第1章　澤田俊也（2018）「都道府県による授業スタンダードの作成状況とテキスト内容の検討」『国立教育政策研究所紀要』第147集, pp.205-221。
第2章　澤田俊也・木場裕紀（2019）「市区町村教育委員会による『授業スタンダード』施策の現状と課題」『日本教育政策学会年報』第26号, pp.128-144。
第3章　書き下ろし
第4章　澤田俊也（2021）「教師の授業スタンダード受容度に影響する要因」『教育学研究』第88巻第3号, pp.432-444。
第5章　澤田俊也（2022）「学校作成の授業スタンダードに対する影響要因」『大阪工業大学紀要』第67巻第1号, pp.1-11。
第6章　澤田俊也（2023）「教師が学校の授業スタンダードを受容する要因」『日本教師教育学会年報』第32号, pp.238-250。
終　章　書き下ろし

おわりに

　授業スタンダードの研究を始めてしばらくした頃，大阪への赴任が決まった。着任した勤務校の業務で，大阪府内のとある中学校を訪れた。その中学校の校門に着いてすぐ，生徒たちの荒れた様子に衝撃を受けた。制服着用が基本の学校であるにもかかわらず，私服を着た5人ほどの男子生徒が，1時間目の授業中に校門の上に腰掛けていた。筆者が校門の前まで行くと，その男子生徒たちは校門の上から筆者を睨みつけるように見下ろした。年齢がひと回り以上も下の中学生を前に強い戸惑いを感じたのはこれが初めてだった。

　その後，校長先生が校内を案内してくださった。校長先生とともに渡り廊下を歩いていると，先ほど校門で筆者を睨みつけていた男子生徒の一部が校長先生の腹部を通りすがりに無表情で突いた。校長先生も戸惑いの表情を隠せずにいた。さらに，案内された先で授業を見学すると，机に臥して寝ている生徒，近くの友人とおしゃべりに興じる生徒，周囲の状況に我関せずと授業を受けている生徒など，生徒たちの様子はさまざまであり，お世辞にも授業が成り立っているとは言い難い状況であった。大阪に赴任する前から大阪の教育現場の厳しさを耳にしてはいたが，これほどまでに深刻な状況があるのかと言葉を失った。校長先生は「自慢できることではないんですが，この学校は関西のなかでも3本の指に入るほど荒れている学校です」とおっしゃっていた。

　この学校の困難さも脳裏に焼き付いて離れないが，それよりも印象深く思い出されるのは校長先生の教育にかける思いだ。校長先生は当該校の校長となって2年目であったが，初年度は心労が絶えなかったという。数年前までは校舎内を自転車で走り回る生徒がいたり，授業妨害が日常的に起こったりしていたそうだ。校長先生は「赴任して数ヶ月でチョークを持つ手が上がらなくなったんです」と話されており，当該校の校長として立ってこられた苦心は計り知れない。筆者は授業スタンダードが国内外の困難な学校や地域において活用されていることを思い出した。そして，授業スタンダードに懐疑的だった筆者です

ら，当該校のような厳しい状況にある学校においては，授業スタンダードが救いの手になるのではないかという考えが頭をよぎった。校長先生も近隣の自治体で授業スタンダードが作成されていることに触れ，「やっぱりうちでも授業スタンダードを作った方が良いのかな」と寂しそうな表情で溢された。しかし，その後すぐに「でも授業スタンダードに頼るんじゃなくて，授業の面白さで生徒たちを振り向かせたいんですよね」ともおっしゃった。

　この校長先生の言葉に接し，授業スタンダードに答えを求めることは簡単なことだが，そこに答えはないと感じた。当該校が置かれている深刻な状況では，授業スタンダードに頼るほうが何倍も簡単なことであっただろう。しかし，それでも授業スタンダードに頼るのではなく，子どもたちが真に面白いと思える授業をつくれるのは，子どもたちの目の前にいる教師自身であるという気持ちを強く抱いておられた。こうした校長先生の教育にかける思いを受け，筆者は授業を諦めたくないという教師たちの心根を守るためにはどうすれば良いのか真剣に考えたいと思った。またそれと同時に，教育現場をどう支援するのか，支援する側に求められる責任の重さを実感した。当時の筆者は，校長先生の話にただ相槌を打つことしかできなかったが，本書を通して教育現場に伴走する教育行政・教育政策とは何なのかを筆者なりに考えることができた。教育現場の声をうまく研究の俎上に乗せられなかったという忸怩たる思いは残るが，本書の試みが教育現場でいまも悩み葛藤する教師たちの支えに少しでもなれば幸いである。

＊＊＊

　本書を刊行するにあたり，数多くの方にご支援いただきました。ここで改めて御礼申し上げます。

　まず，本書の調査にご協力くださった各地の教育委員会や学校の先生方に心より感謝申し上げます。第2章や終章のインタビュー調査では，たくさんの教育委員会のご担当者様に応じていただきました。授業スタンダードの作成に関わる自治体の方針だけでなく，自治体の置かれている状況や教育への思いなど

を幅広くお話しくださいました。このインタビューがもととなり，研究が枝葉に分かれ発展していきました。また，第3章から第6章にかけての質問紙調査においては，お忙しい時期にもかかわらず，全国の教育委員会と小中学校の先生方にご協力いただきました。教育委員会のご担当者様におかれましては，自治体調査に応じていただいた上に，その後の学校調査に関わって各小中学校に対する連絡調整も行ってくださいました。皆様のご支援がなければ，大規模な調査を行うことはできませんでした。また，各小中学校の先生方におかれましても，日々の業務でお忙しくされているなか，たくさんの項目に対してたいへん丁寧にご回答いただきまして，誠にありがとうございました。先生方のお声に感銘を受けるとともに，教育現場の実情を垣間見ることができ，研究を推進する原動力となりました。皆様のご協力に改めて心より御礼申し上げます。

　続いて，本書の研究を共に進めてくださった木場裕紀先生（東京電機大学未来科学部准教授）に厚く御礼申し上げます。木場先生とは，東京大学大学院教育学研究科で行われた「ガバナンス改革と教育の質保証に関する理論的実証的研究（研究代表：大桃敏行）」をきっかけに，同科研費プロジェクトが終了したあとも，指導行政に関する研究を共同で進めさせていただきました。当時，自分と同じような関心をもつ方に出会えたことがたいへん嬉しく，いまでもそのときの喜びを鮮明に覚えています。第2章の自治体に対するインタビュー調査では，木場先生と一緒に各地の教育委員会を訪問させていただきました。自分にはない多彩な視点から自治体の思いや悩みを聞き取り，寄り添っておられるお姿に，たくさん学ばせていただきました。また，第3章の自治体調査は，木場先生と共同で進めさせていただき，調査実施の具体的な手続きはすべて木場先生がお引き受けくださいました。そのような多大なご支援をいただいた調査データを本書のためにご提供くださり，心より御礼申し上げます。さらに，木場先生には公私にわたって数多くのご支援を賜りました。子育てと研究・仕事との両立に悩みが尽きないなか，いつも木場先生は私や家族のことを気にかけて温かな励ましの言葉をかけてくださいました。私にとって木場先生は，大学教員として先を歩まれている憧れの先輩であり，いつも木場先生の背中を追い

かけております。木場先生と研究をご一緒できたことは，私の生涯の誇りです。木場先生に教わったことを大事に，これからも研究者として力強く歩んでいきたいと思います。

　また，本書の研究のきっかけを与えてくださった勝野正章先生（東京大学大学院教育学研究科教授）にも心より感謝申し上げます。勝野先生には，先述の科研費プロジェクトにおいて，授業スタンダードなるものが各地で展開されているということを教えていただきました。勝野先生が気付きを共有してくださったからこそ，現在に至るまで研究したいと思えるテーマに出会うことができました。心より御礼申し上げます。また，勝野先生が授業スタンダードの存在をお知りになったきっかけが，日常的な学校訪問であったということにもたいへん感銘を受けました。教育行政を研究するなかでも，教育現場でいま何が起こっているのかを注意深く捉えることの大切さを学びました。私も勝野先生のように，教育現場の動向に着目しながら教育行政・教育政策を語ることのできる研究者になれるようこれからも努めてまいります。

　先述の科研費プロジェクトの研究代表者であられた大桃敏行先生（学習院女子大学長）には，同科研費プロジェクトに未熟で浅学な私を快く受け入れてくださり，改めて厚く御礼申し上げます。当時の私は，自身の個人研究に行き詰まっており，研究が思うように進まない歯痒さを感じておりました。しかし，同科研費プロジェクトを通して，研究の楽しさを改めて感じるとともに，研究者としての基本的な知識や教養を身につけることができ，研究の行き詰まりを突破できたように思います。同科研費プロジェクトの研究では，分析に苦しみましたが，大桃先生は研究の良さを認めるお言葉や温かな励ましのお言葉をたくさんかけてくださいました。こうした数多くの心温まるお言葉があったからこそ，現在に至るまで授業スタンダードの研究を続けてこられたと感じております。

　先述の科研費プロジェクトにおいては，村上祐介先生（東京大学大学院教育学研究科教授）にも，たくさんのご指導をいただきました。村上先生は，私が参加する自治体調査班の統括として，主に自治体を対象とする質問紙調査の方

法など，実務に関わる基本的な事項を教わりました。これまで大規模な質問紙調査，数量的な分析を行ったことがなかった私にとって，村上先生からいただくご指導はたいへん心強いものでした。同科研費プロジェクトで自治体調査や数量的な分析を行わなければ，本書の量的な研究は成し得なかったと思います。また，同科研費プロジェクトで実施させていただいた調査の一部は，第3章の予備調査として活用させていただきました。当時のご指導に改めて感謝申し上げます。

第1章の授業スタンダードの内容に関するテキストマイニング分析では，青田庄真先生（茨城大学教育学部助教）より貴重なご助言をいただきました。青田先生とは，大学院在学時代よりお世話になりました。所属研究室は異なるものの，同じような研究テーマに関心を寄せる仲間がいるという心強さをいつも感じていました。それぞれの道を歩んでいるいまも，折に触れて私の学会発表を聴きに来てくださることが，たいへん嬉しく励みになっています。

第4章から第6章の質問紙調査では，吉村春美さん（NPO法人学校の話をしよう共同代表）に，変革的リーダーシップ尺度の使用をお認めいただきました。突然のお願いにもかかわらず，快くご承諾くださり，厚く御礼申し上げます。また，吉村さんをご紹介くださった町支大祐先生（帝京大学大学院教職研究科准教授）にも感謝申し上げます。困ったときや悩んだときに頼れる先輩がいてくださって，心強く感じております。

さらに，妹尾渉先生（国立教育政策研究所教育政策・評価研究部総括研究官）には，私が同研究所で研究補助者として勤務していた頃に，本書の研究に関わってたくさんのご指導・ご助言をいただきました。第2章の自治体調査にあたっては，事例分析の方法等について親身になって相談に乗ってくださいました。また，同研究所の調査プロジェクトにおいて，大規模な個人向けの質問紙調査の手続きを学ばせていただきました。この調査の経験がなければ，第4章・第6章において行った教師個人に向けた大規模調査を行うことはできなかったと思います。改めて数々のご指導に御礼申し上げます。

筑波大学附属小学校の算数科の先生方には，授業スタンダードについて全国

の教育関係者の方と意見交流する機会をいただきました。特に，盛山隆雄先生には，2020年2月に開かれた同校の「学習公開・初等教育研修会」における算数科分科会にお声がけいただき，初めて講師として登壇する機会を頂戴しました。当時の私はまだ大学教員1年目であり，まさか若輩者の私に歴史ある小学校でお話しさせていただく機会がめぐってくるとは思いもしませんでした。しかし，研究や実践の経験値にかかわりなく，同じ教育テーマに関心を寄せる者として，授業スタンダードに関する私の研究に興味を持ってお声がけくださったことがたいへん嬉しかったです。数百人にもなる教育現場の先生方の前で授業スタンダードに関する研究やそれに基づいた持論をお話しすることはたいへん緊張しましたが，これまで自らの関心だけで進めていた研究というものが，教育現場の先生方の次なる一手を決めるきっかけになるかもしれないという責任を痛感する場でもありました。また，全国から集まるご参会の先生方の教育に寄せる厚い思いや，互いに何かを学びとろうとする熱い姿勢に圧倒されました。同校の分科会で経験させていただいたことは，自身の研究者としての歩みにおいてかけがえのないものとなりました。貴重な経験をくださったことに改めて御礼申し上げます。

　赤木和重先生（神戸大学大学院人間発達環境学研究科教授），前岡良汰先生（一般社団法人ほどきのとっと），ならびに亘理陽一先生（中京大学国際学部教授）におかれましては，2022年10月に開催された日本教育方法学会のラウンドテーブルにて，たくさんの貴重なご指導・ご助言を賜りました。まず，赤木和重先生には，教育方法学会の会員でもない門外漢の私を見つけてくださり，研究分野にかかわらずお声がけくださいました。赤木先生や前岡良汰先生は子どもからみた授業スタンダードの意味をご研究されており，教師や自治体から授業スタンダードを捉えてきた私とは異なる視点や切り口にたいへん多くのことを学ばせていただきました。また亘理陽一先生には，これからの研究の可能性について貴重なご示唆をいただきました。教師の受け止め方の変容といった次なる課題は亘理先生からご教示いただいだいたものです。授業スタンダードについて先生方とさまざまな意見交流をさせていただき，たいへん勉強になりまし

た。先生方からいただいたご示唆をもとに，これからも研究発展に努めてまいります。

　人言洞の二村和樹氏には，本著の出版に向けて，たくさんのご支援を賜りました。出版について右も左もわからないなか，親身になって相談に乗っていただきましたこと，たいへん心強かったです。

　最後に，本書の執筆を支えてくれた妻，そして息子の燈弥と旺樹に，心から感謝します。執筆に行き詰まったこともありましたが，家族と一緒に過ごす時間がたくさんの元気をくれました。また，将来，息子たちがかけがえのない学校生活を過ごせることを願いながら，本書を書き上げました。本書が，これからの社会や学校のあり方について考える一助になれば幸いです。

　2024年9月

澤田　俊也

［著 者］

澤田 俊也（さわだ　としや）　大阪工業大学教職教室准教授
　東京大学大学院教育学研究科博士課程単位取得満期退学。博士（教育学）。大阪工業大学教務部教職教室講師を経て，2024年から現職。著書に『1958年小学校学習指導要領の改訂過程』風間書房。

授業スタンダード
―その展開と教師の反応―

2024年10月10日　第1版第1刷発行

著　者　澤田 俊也
© SAWADA Toshiya 2024

発行者　二村 和樹
発行所　人言洞 合同会社　〈NingenDo LLC〉
　　　　〒234-0052　神奈川県横浜市港南区笹下6-5-3
　　　　電話　045（352）8675 ㈹
　　　　FAX　045（352）8685
　　　　https://www.ningendo.net

印刷所　亜細亜印刷株式会社

定価はカバーに表示してあります。
乱丁・落丁の場合は小社にてお取替えします。

ISBN 978-4-910917-15-3